I0879583

Bernard Faure

Los tópicos del budismo

Traducción del inglés de Ferran Mestanza

editorial Kairós

Título original: LE BOUDDHISME by Bernard Faure

Fotocomposición: Beluga & Mleka, s.c.p. Córcega 267. 08008 Barcelona
Diseño cubierta: Katrien van Steen
Impresión y encuadernación: Romanyà-Valls. Verdaguer, 1. 08786 Capellades

Primera edición: Junio 2012
ISBN: 978-84-9988-141-6
Depósito legal: B 15.522-2012

Este libro ha sido impreso con papel certificado FSC, proviene de fuentes respetuosas con la sociedad y el medio ambiente y cuenta con los requisitos necesarios para ser considerado un "libro amigo de los bosques".

Para Adèle

Sumario

Introducción 9

Parte I
El budismo en la historia

El budismo es único y múltiple a la vez 17
El Buddha fue un hombre que alcanzó el Despertar 25
El budismo es una religión india 35
El budismo es el culto a la nada 43
El budismo no es una religión sino una filosofía 49
Todos los budistas buscan alcanzar el Despertar 60
El budismo predica la temporalidad de todas las cosas 68
La creencia en el karma conduce al fatalismo 76
El budismo niega la existencia del yo 84
El budismo predica la reencarnación 89

Parte II
El budismo y las culturas locales

El budismo es una religión atea 97
El budismo es ante todo una espiritualidad 108
El Dalai Lama es el líder espiritual del budismo 116
Ser budista es ser Zen 125

Parte III
El budismo y la sociedad

El budismo es una religión tolerante 137
El budismo predica la compasión 145
El budismo es una religión pacífica 151
El budismo sostiene la igualdad de todos 161
El budismo es compatible con la ciencia 169
El budismo es un tipo de terapia 181
El budismo defiende el vegetarianismo estricto 191
El budismo es una enseñanza universal 198
El budismo es una religión de monjes 209

Conclusión: ¿budismo o neobudismo? 223
Glosario 229
Breve bibliografía 237
Índice 241

Introducción

«El indio: "Pero ¿qué espera" Tiene los prejuicios de su país,
su bando y los suyos propios".
El japonés: "¡Oh, demasiados prejuicios!"»
VOLTAIRE, *Diccionario filosófico*

A diferencia del islam, que ha tenido muy mala prensa en los últimos tiempos, el budismo se ve hoy en el mundo occidental con mejores ojos. Sin embargo, esto no ha sido siempre así, como refleja el discurso orientalista desde el siglo XIX. Los misioneros y colonizadores occidentales a menudo pusieron el islam y el budismo en el mismo saco y los vieron como causantes de degeneración social, económica, política y espiritual en las sociedades colonizadas. La buena consideración de la que goza hoy el budismo es un signo del verdadero progreso que se ha vivido desde aquella época, en la que solo inspiraba miedo o desprecio, aunque este cambio de actitud continúa teñido de ideas propias del orientalismo.

En la actualidad los medios de comunicación han superado su visión del budismo como una moda que siguen unos pocos intelectuales y ahora enfatizan la importancia sociológica de su desarrollo en los países occidentales. Pero, a pesar de este cambio de tendencia, ¿qué sabemos realmente sobre el budismo? Aunque, sin duda, nuestro conocimiento ha avanzado considerablemente desde el siglo XIX, a menudo sigue siendo prisionero de ciertas ideas preconcebidas que limitan el ámbito de los temas que se abordan y las preguntas que se plantean.

La persona común de la calle a menudo se encuentra con formas muy específicas de budismo que se presentan a sí mismas como si representaran la norma. Se trata, principalmente, del budismo tibetano, el budismo Zen y el budismo Theravâda (o la Vía de los Ancianos). El budismo tibetano, aunque recibió una fuerte influencia de la tradición india del Gran Vehículo (Mahâyâna), es el resultado de un desarrollo específico, una mezcla de tantrismo y escolasticismo. La tradición Zen, por su parte, que apareció en el siglo VI n.e.* en China (con el nombre de Chan), adquirió su forma actual en el Japón medieval. Pero, a pesar de su relevancia, el Zen sólo es una rama del

* En un contexto cultural distinto al del cristianismo, n.e. (nuestra era) y a.n.e. (antes de nuestra era) sustituyen a d.C. (después de Cristo) y a.C. (antes de Cristo). *(N. del T.)*

"Gran Vehículo" que se desarrolló principalmente en China y Japón, mientras que las demás escuelas del Mahâyâna de Asia Oriental son prácticamente desconocidas en Europa y Estados Unidos. El Theravâda, por su parte, es la forma de budismo que acabó siendo predominante en Sri Lanka y el sudeste asiático (Myanmar, Thailandia, Cambodya, Laos) y sólo es una variante modernizada de una de las múltiples escuelas del budismo primigenio, de hecho es la única que ha sobrevivido.

A pesar de todas estas distintas formas de budismo, para la mayoría de los occidentales la palabra "budismo" evoca principalmente el budismo tibetano. Esta variante del budismo, que es una forma muy específica a pesar de sus afirmaciones universales, aparece en cada página de libros de éxito como *El monje y el filósofo*, que presenta un diálogo entre *el filósofo* Jean-François Revel y su hijo, *el monje* Matthieu Ricard, discípulo del Dalai Lama. Este libro proporciona un buen repertorio de ideas preconcebidas, más o menos correctas, aunque también presenta un cierto grado de ortodoxia que habría que examinar con detenimiento, aunque ello significara hacer de abogado del diablo (o más bien, de abogado de Mâra, el equivalente budista). Pero empecemos por explorar algunos puntos de referencia en el tiempo.

Antes de poner en cuestión nuestras ideas preconcebidas sobre el budismo, debemos recordar que a menudo estas poseen una gran dosis de verdad. Además, cuando mucha gente sostiene estas ideas, estas acaban por convertirse en ciertas o, al menos, en ortodoxas (literalmente, en "opinión correcta").

En el budismo, estas ideas forman parte de lo que se conoce como verdad convencional, en oposición a la verdad última. Esta concepción de las dos verdades, la convencional y la última, favorece la segunda, aunque ello no quita valor a la opinión preconcebida: una verdad a medias todavía posee cierta verdad y, a pesar de que las medias verdades no llegan muy lejos, son un medio de acceder a la verdad última.

En cuanto a la pregunta sobre quién puede hablar en nombre del budismo, resulta tentador responder que, obviamente, los budistas. Sin embargo, no es tan fácil determinar quiénes son los budistas. A falta de un criterio aceptado por todos, se podría decir que un budista es alguien que afirma serlo.

A pesar de que los historiadores y los sociólogos suelen evitar posicionarse sobre el contenido de la doctrina budista, se implican fuertemente en la descripción, de la forma más objetiva posible, del desarrollo de esta doctrina y las comunidades que declaran seguirla. Desde su punto de vista, no existe ningún budismo, estrictamente hablando sólo hay budistas. O, dicho de otro modo, el budismo no es una esencia en sí mismo, es algo que los budistas hacen. Sin embargo, rápidamente nos encontramos con otro escollo: en Occidente las creencias y prácticas de los nuevos conversos (normalmente de origen caucásico) difieren en gran medida de las creencias y prácticas de los budistas de origen asiático. Cuando un budista afirma algo en nombre del budismo y otro budista afirma exactamente lo contrario, ¿a quién tenemos que creer? En este caso, los historiadores se limitan a examinar las distintas fuentes y prácticas a su alcance con un propósito de inclusión más que de exclusión.

A veces las ideas preconcebidas sobre el budismo no cuentan con el respaldo de la tradición y, de hecho, se refuerzan entre ellas. La mayoría de ellas provienen de un prejuicio fundamental, que además también es un acto de fe: la creencia en un budismo "puro", desprovisto de cualquier "superstición", que habría sido transmitido milagrosamente a través de varias culturas y a lo largo de los siglos hasta alcanzar el mundo occidental moderno. Pero en realidad este budismo es una invención relativamente moderna, el resultado de una serie de reformas en distintos países asiáticos y del contacto creciente con Occidente, que se ha desarrollado como respuesta a la colonización, la necesidad de modernizarse y la influencia del protestantismo.

En cierto modo, estas ideas adoptadas y conservadas por los budistas como parte de su tradición forman parte de la experiencia budista. También nos permiten tomar un punto de vista inicial que podremos modificar a medida que exploremos con mayor detalle sus prácticas y desarrollemos nuestra comprensión. Al fin y al cabo, por algún lugar tenemos que empezar.

Aunque algunas de estas ideas son simplemente incorrectas, la mayoría de ellas son parcialmente correctas pero han sido simplificadas en exceso, con lo que se ha debilitado la tradición budista. Tienden a tomar lo que es básicamente uno de los múltiples aspectos de la doctrina y lo consideran como un dogma, imponiendo con ello una ortodoxia al asumir de forma errónea que ciertas ideas forman parte de la tradición budista desde hace largo tiempo. Al poner en cuestión estas ideas, quizás pueda restablecerse la complejidad y la riqueza de la tradición budista, al menos en parte.

Parte I

El budismo en la historia

El budismo es único y múltiple a la vez

Muchas de las ideas preconcebidas sobre el budismo vienen de no querer tomarse en serio su diversidad como tradición viva. Por supuesto, todos los libros de divulgación no olvidan afirmar que el budismo es "único y múltiple" a la vez, pero aun así acaban reduciendo esta multiplicidad a una unidad fundamental al concentrarse en el llamado "budismo original". Algunos de estos libros saltan directamente de este budismo "puro", es decir el del propio Buddha (tal como nos lo imaginamos), al budismo tibetano, el Zen o el Theravâda, como si todos ellos procedieran directamente de esta forma original. Incapaces de hacer justicia a la gran riqueza de budismos que se han desarrollado bajo la influencia de distintas culturas locales, se centran en algunas ideas simples que se supone que siguen los budistas de todas las confesiones.

La doctrina budista se desarrolló en un primer momento

en el norte de la India alrededor del siglo v a.n.e. y, paulatinamente, se extendió por el resto del subcontinente indio durante el siglo III a.n.e. con la conversión del rey Ashoka, fundador del primer Imperio indio. Durante el mismo período se produjo un cisma entre los discípulos del Buddha que posteriormente acabaría llevando a su separación en dos tradiciones principales: el Gran Vehículo (Mahâyâna) y el Vehículo Inferior (Hînayâna). El nombre de Vehículo Inferior fue dado a la tradición más conservadora por sus detractores y rivales del Gran Vehículo. Más tarde se conocería como Theravâda. Pero la distinción entre estos dos "vehículos" no siempre es tan rígida como se nos hace creer. También se distingue una tercera tradición en el budismo, conocida como el Vehículo Diamantino (Vajrayâna), a la que también se llama budismo esotérico o tantrismo (debido al nombre de sus textos canónicos, los tantras).

Sin el rey Ashoka, probablemente el budismo habría permanecido como una religión minoritaria, algo así como el jainismo, con el que comparte algunas características comunes. Según la leyenda, para depositar las reliquias del Buddha, Ashoka habría ordenado construir 84.000 *stûpas* por toda la India y, de hecho, más allá, puesto que algunas de ellas han sido halladas en China. Sea como sea, el modelo del soberano budista encarnado por Ashoka tuvo una larga influencia en la relación entre el budismo y el estado en todas las culturas de Asia.

La expansión del budismo por la India llevó a una proliferación de escuelas (o "grupos", *nikâyas*), por lo que esta forma de budismo primigenio a veces se conoce como budismo Nikâya. Sin embargo, esta expresión restringe el budismo a sus aspectos doctrinales y con ello no alcanza a tener en cuenta la religión popular, que no siempre procede directamente de este budismo Nikâya.

Los factores que contribuyeron a la diversificación del budismo en la India en los siglos posteriores a la muerte del Buddha incluyen el asentamiento de los monjes y las grandes distancias entre los centros del budismo. A medida que fue aumentando la riqueza de los monasterios, los monjes y las monjas pudieron llevar una vida más confortable. La tendencia a la especialización a menudo llevó a una polarización entre los ascetas, que realizaban sus prácticas religiosas en la relativa soledad de los bosques y las aldeas, y los monjes afincados en las ciudades, que dedicaban su tiempo a la enseñanza y el estudio en los grandes monasterios. Estos distintos enfoques de la doctrina, el ritual y la disciplina se fueron acentuando con cada nuevo concilio religioso.

Con la celebración del tercer concilio se produjo el primer cisma entre el grupo de los Ancianos (en pali: Thera, en sánscrito: Sthavira), partidarios de una interpretación estricta de las enseñanzas del Buddha, y la mayoría, la llamada Gran Asamblea (Mahâsânghika), que intentaba adaptar las enseñanzas en función de su espíritu más que según su letra. Este cisma abrió el camino a una nueva forma de budismo, que se llamó a sí mismo Mahâyâna, en oposición a la forma más antigua de budismo que, como hemos visto, se llamó Hînayâna. El término "vehículo" aquí se refiere "a un medio de dirigirse a la liberación".

Los orígenes del budismo Mahâyâna son todavía hoy objeto de debate. Algunos afirman que se originó entre los laicos que se oponían al elitismo de los monjes y la opulencia de los monasterios. Otros señalan la aparición de nuevas formas de práctica religiosa como el culto a los *stûpas* y las reliquias, el culto a las escrituras y, de forma más extendida, la devoción al Buddha. Algunos especialistas también han descrito el Mahâyâna como un "movimiento religioso marginal" en busca de apoyo económico. De hecho, parece ser un fenómeno esencialmente monástico y de naturaleza un tanto militante. Incluso podría describirse como militar en ciertos casos, al menos si hemos de creer al *Mahâparinirvâna Sûtra*: «Si un laico observa los cinco preceptos pero no empuña las armas para proteger a los monjes, no merece llevar el nombre de miembro del Mahâyâna».

A pesar de sus declaraciones polémicas, más que excluir al Hînayana, el Mahâyâna lo complementó: por ejemplo, consideraba que la liberación es posible para todos, por lo que resultaba más accesible que el Hînayâna, que defendía el cumplimiento estricto de una vida ascética.

Aunque la reforma del Mahâyâna pudo introducir ciertas actitudes de laxitud, también desarrolló las tendencias más ascéticas del budismo, centrándose en las virtudes de la compasión, la sabiduría y el uso de medios hábiles (*upâya*) para alcanzar la liberación. Asimismo, en el plano soteriológico, el Despertar (*bodhi*) se sobrepuso al anterior ideal del *nirvâna* y, en cuanto a la concepción del Buddha, su concepción relativamente histórica se transformó en un docetismo radical, por lo que el Buddha se convirtió en puramente "metafísico" y su figura se multiplicó. La forma humana del Buddha pasó a considerarse poco más que una mentira piadosa dirigida a conducir a las personas hacia la verdad de forma gradual. En la práctica, el énfasis se centró en la devoción a distintos buddhas (Amitâbha, Akshobhya, Baishajyaguru, Mahâvairochana) y *bodhisattvas* (Avalokiteshvara, Mañjushrî, Samantabhadra), así como en la penitencia y la transferencia de méritos.

El pensamiento Mahâyâna arrancó realmente con la tradición de la Perfección de la Sabiduría (*prajñâpâramitâ*), que se encuentra expuesta en los *sûtras* del mismo nombre. Los primeros de estos textos datan de principios de nuestra era y varían en su longitud: de un extremo de 100.000 versos* a otro (el *Hridaya Sûtra* o *Sûtra del Corazón*) de apenas una página.

El Mahâyâna empezó a expandirse por Asia Central y China alrededor de comienzos de nuestra era y posteriormente se expandió por Corea, Japón y Vietnam. El Hînayâna (término que utilizamos aquí a falta de uno mejor y al que no damos ningún tipo de connotación peyorativa) en un principio se transmitió a

* Se trata del *Sûtra del Prajñâpâramitâ en 100.000 versos* (*Shatasâhasrikâ prajñâpâramitâ sûtra* en sánscrito), la obra más extensa de la literatura sánscrita que se conserva. *(N. del T.)*

Sri Lanka durante el reino de Ashoka y, posteriormente, a partir del siglo x n.e. se extendió por el sudeste asiático (Myanmar, Thailandia, Laos y Cambodya). Todavía pervive hoy en la escuela Theravâda, que se ha convertido en la forma predominante de budismo en los países mencionados arriba.

Entre los siglos v y vii n.e. surgió un tercer movimiento conocido como budismo tántrico o esotérico. Para algunos especialistas, se trata de una forma de budismo radicalmente nueva, un nuevo "vehículo", conocido como el Vehículo Diamantino (Vajrayâna), pero en realidad tan solo adopta muchas nociones del Mahâyâna y las lleva al extremo.

Como en el Mahâyâna, la identidad entre el *nirvâna* y el *samsâra* (el ciclo de la vida y la muerte) constituye la base de la doctrina y la práctica tántrica. A partir de esta concepción, todos los actos verbales, físicos y mentales se convierten en actos del Buddha primordial. Los rituales tántricos ponen mucho énfasis en todo tipo de símbolos: invocaciones (mantras, *dharânîs*), gestos con las manos (*mudrâ*) y dibujos geométricos (mandalas). En efecto, el predominio del ritual es una de las características que distingue con mayor claridad el budismo tántrico de las formas anteriores de budismo.

Esta corriente se expandió fuera de la India entre los siglos viii y ix n.e. por el Tíbet, China y Japón, así como por el sudeste asiático (Indonesia, Myanmar y Cambodya). En estos últimos países no llegó a sobrevivir, pero en el Tíbet y Japón fue predominante durante muchos siglos. Incluso hoy, sigue siendo la religión oficial del pequeño estado himalaico de Bhután.* Por su parte, aunque debe mucho a la tradición del Mahâyâna indio, el budismo tibetano es el resultado de un desarrollo específico, una mezcla de tantrismo y escolasticismo.

El Theravâda, la forma predominante en Sri Lanka y el sudeste asiático, es una forma moderna de Hînayâna o budismo Nikâya. Aunque es claramente más conservador que el Mahâyâna, también ha evolucionado de manera considerable a lo largo de los siglos y no puede considerarse más representativo del budismo "auténtico" u "original". Esta tradición se desarrolló en Sri Lanka entre el siglo III a.n.e. y el siglo V n.e. Desde aquí se expandió a Myanmar en el siglo X y luego, entre los siglos XIII y XIV a Thailandia y otros estados indianizados de la península de Indochina (a excepción de Vietnam, que estuvo influenciado por la cultura china).

De este modo, el Theravâda actuó como una cultura y religión común a los países indianizados de Asia, en gran medida debido al uso del pali como lengua franca. En todos estos países, el Buddha "histórico" constituía el principal objeto de veneración, aunque este culto a menudo estaba estrechamente entrelazado con otras formas de culto locales. No hay que olvidar que el Theravâda no siempre ha sido tan "puro" ni ha estado tan libre de elementos místicos y esotéricos como a menudo se nos quiere hacer creer. También existió, y sigue

* La escuela Drugpa Kagyü del budismo tibetano es la tradición oficial que sostienen los reyes de Bhután, aunque la escuela Ñingma también tiene una presencia destacada en el País del Dragón. *(N. del T.)*

existiendo, un "Theravâda tántrico" que está fuertemente influenciado por el pensamiento esotérico.

Así pues, a pesar de todo el discurso sobre el budismo "puro", queda claro que el budismo ha evolucionado constantemente, bajo la influencia de las épocas, los lugares y las culturas que lo adoptaron. El budismo está anclado en la historia a través de sus raíces seculares y, al mismo tiempo, vive en el mundo que nos rodea hoy.

El Buddha fue un hombre que alcanzó el Despertar

> «En la India, el Buddha es una figura histórica.»
>
> HEGEL, *Lecciones sobre filosofía de la religión*, 1827

Sin el Buddha "histórico", el budismo no existiría. Esto puede parecer una afirmación obvia, pero ¿lo es realmente? Si el Buddha no hubiese existido, quizás habría sido inventado de todas formas, porque a pesar de que existiera realmente o no, esto es sin duda lo que sucedió. En cualquier caso, la historicidad del Buddha apenas se cuestiona hoy, aunque seguimos cuestionándonos la base histórica de varios acontecimientos que tuvieron lugar en su larga vida.

Ciertamente, resulta fácil aceptar la idea de que la leyenda del Buddha proviene de la imagen embellecida de una figura histórica. Las fuentes en pali, en concreto, parecen basarse en ciertos hechos históricos y los códigos monásticos del Vinaya contienen evidentes intentos de mostrar al Buddha como a una persona eminentemente pragmática. Los defensores de esta interpretación historicista señalan de forma correcta que es más fácil "mitificar" una biografía que "desmitificar" una leyenda.

Entonces, ¿qué sabemos realmente del Buddha? Es justo decir que nació, vivió y murió. El resto se ha perdido en las tinieblas del mito y la leyenda: su inmaculada concepción, su nacimiento milagroso, etc. El hecho de que se afirme que algunos de estos elementos también ocurrieron en la vida del fundador del jainismo, Mahâvîra (otra figura supuestamente "histórica") indica que hay que ser prudentes.

Los historiadores se han centrado en particular en las circunstancias que rodearon la muerte del Buddha. En este sentido, ponen de relieve un detalle que afirman no pudo haber sido inventado: se dice que el Buddha murió como consecuencia de haber comido carne de cerdo contaminada. Resulta escandaloso que una personalidad tan destacada tuviera que pasar sus últimos momentos aquejado por una terrible diarrea por haber comido carne. Los budistas que hoy se enorgullecen de su vegetarianismo posteriormente prefirieron reinterpretar este suceso cambiando el cerdo por un plato vegetariano. Por su lado, los historiadores han intentado establecer un punto de anclaje histórico en este relato y han argumentado, con cierta razón, que este hecho no parece ser el resultado de una hagiografía, en la que normalmente se busca embellecer la vida de los santos.

Siddhârtha Gautama, el futuro buddha, se dice que nació en el siglo v a.n.e. como hijo de un rey del norte de la India. Su concepción y nacimiento fueron supuestamente inmaculados. Su madre, la reina Mâya, soñó que un elefante blanco entraba por el costado de su cuerpo. A la mañana siguiente descubrió que estaba embarazada y nueve meses después dio a luz a un niño en una arboleda de Lumbinî. El niño inmediatamente empezó a cantar una "canción de victoria" en la que decía: «Soy el único venerable sobre la tierra y bajo el cielo». Como prueba de ello, dio siete pasos en cada una de las cuatro direcciones y con cada paso salió una flor de loto.

La naturaleza auspiciosa del nacimiento del Buddha parece contradecirse con la muerte de su madre, siete días después. El niño huérfano fue criado por su tía Mahâprajâpati y, debido a las predicciones de que llegaría a ser un monarca universal o un guía espiritual universal, su padre decidió encerrarle en el palacio para protegerle de la dura realidad y evitar que emprendiera una búsqueda espiritual.

A los dieciséis años de edad, el príncipe Siddhârtha se casó con Yashodhâra y tuvieron un hijo, Râhula (el nombre significa "Obstáculo" y dice mucho de los sentimientos paternos de Siddhârtha).* Otras fuentes afirman que tuvo tres esposas en total y que siguió la trayectoria tradicional de un monarca.

* Al igual que el propio nombre de Siddhârtha ("el que ha cumplido su propósito"), el nombre de Râhula parece haber sido creado posteriormente por la tradición. *(N. del T.)*

De todos modos, el destino le tenía preparado otros planes y en una salida del palacio tuvo cuatro encuentros: se encontró con un anciano, un enfermo, un cadáver y un asceta. Los tres primeros encuentros le hicieron tomar consciencia de la naturaleza temporal de la existencia, mientras que el cuarto le dio a conocer la posibilidad de la liberación. Como resultado, a los 29 años de edad, Siddhârtha dejó el palacio y abandonó sus obligaciones y privilegios como príncipe. Durante seis años, practicó todo tipo de austeridades que casi acabaron con él, pero finalmente comprendió la futilidad de estas prácticas y descubrió el Camino Medio, el camino entre el placer hedonista y el ascetismo. Entonces tuvo que enfrentarse con el demonio budista, Mâra, y sus tentadoras hijas. Después de resistir satisfactoriamente esta tentación, ya no había nada que bloqueara su camino al Despertar. Durante esta última etapa, pasó de forma gradual por los cuatro estadios de la meditación (*dhyâna*), tomó consciencia de sus vidas anteriores y finalmente comprendió las Cuatro Nobles Verdades.

La historia de la vida del Buddha, culminando en el Despertar y el *nirvâna* final, es ante todo un compendio de doctrina y un paradigma de la práctica budista. En lo que se refiere al Despertar, con el que el Buddha es capaz de trascender su identidad física, esta misma vida (el mismo psicodrama o cosmodrama del Despertar) se repite en todos los buddhas del pasado y del futuro. Lo mismo puede decirse, en parte, de la vida de los maestros budistas, que también son “imitaciones” de la vida del Buddha. Se considera que todos ellos pasaron asimismo por las mismas etapas que el Buddha: una crisis espiritual seguida por una renuncia del mundo, una vida ascética dirigida al Despertar, la obtención de poderes extraordinarios, la enseñanza y la reunión de los discípulos, los celos causados por su éxito y la crítica de una sociedad corrupta, una muerte anunciada y un funeral que origina el culto a las reliquias.

Curiosamente, la vida del Buddha también influyó en las vidas de los santos cristianos. En Occidente, pronto se tuvo conocimiento de los principales aspectos de la vida del Buddha, que poco a poco se fueron infiltrando en el imaginario medieval cristiano a través de la *Leyenda dorada*, que a su vez estuvo influenciada por las leyendas árabes. Este hecho se refleja por ejemplo en la historia de Barlaam y Josafat. Este último (cuyo nombre resulta ser una adaptación de *bodhisattva*) era el hijo de un rey indio que persiguió a los cristianos y vivía solo en el palacio de su padre hasta que un día se encontró con un leproso, un ciego y un hombre anciano. Estos encuentros le permitieron comprender la naturaleza fugaz de la existencia, entonces un asceta llamado Barlaam le convirtió al cristianismo y esta conversión le llevó al martirio (lo que no aparece en la versión original de los hechos).

El budismo primigenio giró en torno al culto a los *stûpas*, monumentos conmemorativos que se centraban en los episodios principales de esta "vida" poco común, en concreto los cuatro *stûpas* que conmemoraban el nacimiento, el Despertar, el primer discurso y el *nirvâna* final del Buddha, y que acabarían siendo populares sitios de peregrinaje. Como resultado, la vida del Buddha tomó un giro monumental, en todos los sentidos de la palabra.

Al visitar estos lugares, los adeptos podían revivir todos y cada uno de los episodios más célebres de la vida de su maestro y llenar su imaginación con ellos. Sin embargo, estos *stûpas* eran más que simples monumentos conmemorativos, principalmente también eran mausoleos o relicarios que contenían partes del cuerpo del Buddha. Se suponía que el contacto o la proximidad con estas reliquias tenía efectos mágicos que aumentaban las posibilidades de alcanzar la felicidad en este mundo y la liberación en el más allá. Uno de estos constructores de *stûpas* acabaría teniendo un impacto enorme en el desarrollo de la religión budista, se trata del emperador Ashoka, cuyo imperio se extendía por toda la India. Ashoka realizó un peregrinaje al lugar de nacimiento del Buddha en Lumbinî, donde erigió un pilar conmemorativo, y su figura como soberano budista desempeñaría un papel destacado en la relación entre el budismo y los gobiernos en las distintas culturas de Asia. En efecto, la historia del budismo primigenio es, básicamente, la historia de una comunidad de adeptos y peregrinos, en la que esta leyenda y sus constantes desarrollos tuvieron una influencia mucho mayor en su rápida expansión que la verdadera persona "histórica", esto es el Buddha mismo.

Una vez, aumentaron el número de episodios que relataban la vida del Buddha, a continuación la leyenda que se centró en sus vidas anteriores. Según la doctrina budista del karma, la vida actual del Buddha solo era el resultado de una larga serie de múltiples vidas anteriores, en las que el *bodhisattva* se había reencarnado en distintos seres vivos, tanto humanos como animales. Estas vidas pasadas constituyen el centro de atención de una serie de textos conocidos como *Jâtakas*. Este mismo modelo se aplica a las vidas de otros buddhas pasados y también se menciona al futuro buddha, Maitreya, de quien se dice que se manifestará dentro de varios millones de años, aunque su "biografía" no está muy bien definida. En la tradición Mahâyâna en particular se habla de numerosos buddhas metafísicos que ya están presentes, aunque resultan invisibles al ojo humano.

Si en un principio se le describió como una especie de superhombre, posteriormente el Buddha se transformó en un dios. Algunos de los textos del Mahâyâna documentan este desarrollo, como el *Sûtra del Loto*, donde el propio Buddha pone en cuestión su autenticidad histórica. Este golpe de efecto aparece en un texto que tuvo una gran influencia a través de Asia. En él, durante un discurso, el Buddha afirma ante sus discípulos que en el pasado ya guió a muchos seres a la liberación y, ante su escepticismo, llama a estos seres para que se manifiesten por sí mismos. En ese momento, una multitud de *bodhisattvas* ("seres destinados a despertar") de repente surgen del suelo. Mientras sus discípulos se preguntan cómo ha podido realizar esta tarea durante su vida como ser humano, el Buddha revela que su vida es, en realidad, eterna. Afirma que se sirvió de "medios hábiles" al afirmar haber nacido en la forma del príncipe Siddhârtha, haber abandonado su familia y haber pasado seis años de prácticas ascéticas hasta alcanzar finalmente el Despertar, con el fin de convencer a aquellos de capacidad inferior. Entonces, declara que ha llegado el momento de revelar la verdad, esto es que en esencia siempre ha sido "el que ha despertado". Aquellos de baja condición (en referencia a los seguidores del Hînayâna), afirma, seguirán creyendo en la verdad convencional de la biografía del Buddha, mientras que sus discípulos más avanzados conocerán la verdad última: la naturaleza trascendente del Buddha.

Así pues, ¿de dónde viene la creencia en un Buddha "histórico"? ¿Qué significa esta creencia y cómo puede reconciliarse con la proliferación de buddhas "metafísicos" asociados con la tradición Mahâyâna? Los occidentales (así como algunos asiáticos "occidentalizados") desarrollaron por primera vez la firme convicción en la autenticidad histórica del Buddha durante el siglo XIX, en una época en la que el racionalismo triunfante buscaba una alternativa al cristianismo. Los eruditos orientalistas que descubrieron el budismo quisieron ver una religión que pudiera casar con sus propias visiones: más que como una religión revelada por un Dios trascendente, se la consideró como una religión humana, moral y racional fundada por una persona extraordinariamente sabia. Según Michel-Jean-François Ozeray, autor de un libro titulado *Recherches sur Buddou ou Bouddhou, instituteur religieux de l'Asie Orientale* (1817): «Descendido del altar donde fue colocado por la fe ciega y la superstición, Buddou es un filósofo distinguido, un sabio que nació para lograr la felicidad de sus prójimos y el bien de la humanidad». El Buddha, remodelado para encajar con la causa, a partir de ese momento sería visto como un librepensador que se habría opuesto a las supersticiones y los prejuicios de su tiempo.

Entonces, se intentó aplicar a la "biografía" del Buddha los mismos métodos críticos de análisis histórico que se habían aplicado a la figura de Cristo (un proceso que todavía continúa hoy). Como resultado, el Buddha "histórico" empezó a hacer sombra a todos los buddhas "metafísicos" de la tradición Mahâyâna, relegando esta tradición a los reinos de la fantasía, mientras que el Theravâda, del que se dice que es la única escuela en preservar la memoria de su fundador, se vio ascendido al rango de budismo "auténtico".

Mi propósito aquí no es negar la autenticidad de un hombre que en su día recibió el nombre de Buddha, sino resaltar el hecho de que la pregunta misma es irrelevante, excepto para un enfoque historicista, es decir, occidental. Pero esta pregunta sin duda tiene escasas repercusiones para los budistas tradicionales, quienes, por encima de todo, ven en la vida del Buddha un modelo y un ideal a seguir. La "imitación" de este paradigma atemporal es un hecho fundamental en la vida monástica. En efecto, no se trata tan solo de alcanzar el Despertar por el propio bien mediante la identificación individual con el Buddha, sino que también comporta recrear el ideal de la comunidad budista de los primeros días: dar vida de nuevo al Buddha no solo como una persona desapegada, sino en estrecha simbiosis con sus discípulos.

Entonces, ¿por qué es tan importante para nosotros establecer la autenticidad histórica del Buddha? Porque la autenticidad de la vida del "fundador" es la única garantía de la originalidad de la religión que fundó. Sin una biografía concreta, el Buddha desaparece en las tinieblas del tiempo, y sin el Buddha, el propio budismo parece volverse peligrosamente plural. De hecho, ¿qué tiene en común el conservador y algo puritano budismo Hînayâna (hoy representado por el Theravâda) con la abundancia de imágenes y fervor místico del budismo Mahâyâna y, más específicamente, con el budismo tántrico, que se basa en la magia, el sexo y la transgresión? De hecho, aunque en un principio estos dos fueron movimientos opuestos, acabaron por complementarse el uno al otro. Mientras que una religión basada en la ortodoxia (como los monoteísmos de Occidente) habría anatemizado la herejía, el budismo incluye más o menos todas estas tradiciones rivales y en apariencia irreconciliables. En este sentido, quizás sea preferible hablar de una nebulosa budista más que de una religión unificada. La imagen del Buddha, que se renueva constantemente, es uno de los elementos que ha permitido a los budistas de todas las denominaciones identificarse con la misma tradición. En este sentido, el Buddha "histórico" simplemente es otra obra de ficción, la más reciente en una larga tradición marcada por constantes reinvenciones de la imagen del Buddha.

El budismo es una religión india

En 1935 el estudioso francés Paul Mus dijo del budismo que «la India lo produjo y la India lo explicará». Del mismo modo, según el historiador del arte Alfred Foucher: «Como con todos los productos del genio indio, el budismo nos resulta a la vez inteligible e inadmisible, cercano y lejano, similar y extraño». (*Étude sur l'iconographie bouddhique de l'Inde*, 1900-1905). Sin embargo, centrarse únicamente en los orígenes indios del budismo subestima la contribución fundamental que otras sociedades asiáticas (como el Tíbet, China, Corea o Japón, para mencionar solo las principales) representan en su desarrollo. El propio Paul Mus era muy consciente de la importancia de las influencias locales en el budismo del sudeste asiático, un tema sobre el que escribió extensamente.

Sin embargo, lo más sorprendente cuando uno lee sobre el "budismo indio" es el grado en el que se discute fuera de su contexto cultural particular. Sin duda, las leyendas budistas hacen referencia a distintos acontecimientos más o menos históricos y, al mismo tiempo, se nos dice que el Buddha rechazó tanto el sistema indio de castas como el sacrificio brahmánico, pero las obras occidentales sobre el budismo en raras ocasiones se refieren a otros grandes movimientos religiosos indios, como el jainismo, el shivaísmo o el vishnuismo. En estos textos, a menudo se presenta el budismo existiendo independientemente del hinduismo, en lugar de contradecirlo. Uno casi podría pensar que los primeros monjes budistas vivieron en un planeta distinto al de los seguidores de otras religiones indias, cuando en realidad estaban en contacto de forma cotidiana.

Los investigadores occidentales enseguida intentaron establecer una contraposición entre el budismo, con su camino a la liberación abierto a todas las personas que lo convertía en "universal", y otros movimientos religiosos del momento que se consideraban típicamente indios y, por lo tanto, demasiado inmersos en la cultura local. Dan la impresión de que el budismo es en realidad una reacción contra el hinduismo, un rechazo a los valores puramente indios y un intento de prescindir de cualquier condicionante social y cultural. Como resultado, de forma paradójica se presenta al Buddha como un pensador cuyas ideas se parecen extrañamente a las de una mente racionalista de finales del siglo XIX.

En el otro extremo, algunas publicaciones indias sobre el budismo se centran en sus raíces indias e inscriben la nueva religión en la causa del nacionalismo indio. Los historiadores que han investigado el budismo, aunque han evitado estos extremos, con todo a menudo han presentado al budismo indio como el budismo por excelencia, debido a su tendencia innata a hacer remontar todo hasta sus orígenes, con el resultado de que otras formas históricas de la tradición (como el budismo chino y japonés, por ejemplo) han sido descritas como meros subproductos. Existen algunas excepciones notables a este hecho: el Theravâda, que supuestamente habría preservado la pureza del budismo "original"; el budismo tibetano, que puede proclamar una eminente filiación espiritual debido a los Dalai Lamas; y el Zen japonés, que afirma ser la esencia del Despertar del Buddha.

También se dice a menudo que el budismo indio fue una reforma del hinduismo (o brahmanismo), con lo que se quiere decir básicamente que el Buddha reformó el sistema de castas. Sin embargo, enseguida se identifica reforma social con reforma religiosa, lo que lleva a la afirmación de que el budismo fue para el hinduismo «algo así como lo que la Reforma Protestante fue en Europa para el catolicismo» (*Le Globe*, 25 de noviembre de 1829). Como resultado, olvidamos con demasiada facilidad que la forma más antigua de budismo fue, en principio, una nueva religión india: para hacer una comparación válida, habría que comparar la relación entre el budismo y el hinduismo con la relación entre el cristianismo y el judaísmo, o incluso entre el islam y el cristianismo.

Dado el prestigio que se concede a sus orígenes, resulta sorprendente que los budistas occidentales tiendan a preferir el budismo tibetano. Una de dos, o bien la "verdadera doctrina" del budismo es la del Buddha y sus discípulos más cercanos, lo que haría del budismo tibetano un derivado lejano y algo sospechoso (con sus rituales e imágenes tántricos y su teoría sobre la reencarnación sucesiva), o bien la forma ortodoxa del budismo se ha desarrollado y enriquecido a lo largo de los siglos, lo que haría del budismo tibetano solo una de las distintas posibles variantes que habrían emergido de esta ortodoxia múltiple y flexible. El mismo razonamiento se puede aplicar al Theravâda, que a pesar de lo que afirma ha recorrido un largo camino desde las enseñanzas "originales" del Buddha.

Cada vez que ha entrado en contacto con una cultura asiática distinta, el budismo ha sufrido un proceso particular de evolución y adaptación y, aunque en Occidente algunas de estas adaptaciones nos puedan parecer más interesantes o atractivas que otras, esto no significa en ningún modo que sean espiritualmente superiores. En cualquier caso, resulta fundamental aproximarse a todas las formas del budismo sin adoptar ninguna actitud sectaria ni reproducir ningún prejuicio nacional.

Lo más sorprendente en el estudio actual del budismo es la casi impermeabilidad entre las distintas disciplinas. Con algunas notables excepciones, los estudiosos de la cultura india han ignorado en su mayoría el budismo, al mismo tiempo que los llamados budólogos han elegido igualmente pasar por alto la India no budista. Estos mismos especialistas también han tendido a pasar por alto o a devaluar otras formas de budismo, especialmente aquellas de Asia Oriental. Sin embargo, estas formas de budismo no tienen por qué envidiar al Theravâda o al budismo tibetano en cuanto a doctrina o práctica se refiere.

Al igual que se dice que Roma ya no está en Roma, también se podría decir que la India ya no está tan solo en la India. Puede encontrarse desde un extremo de Europa, a través de la ideología del indoeuropeo, hasta el otro extremo de Asia en el Japón medieval, a través de la expansión del budismo. La figura del filólogo francés Georges Dumézil merece ser mencionada en este punto. Su obra ha hecho posible, como ninguna otra, entender el grado en el que construcciones ideológicas de la India han influido en culturas de la esfera indoeuropea. Estas ideas todavía pueden hallarse, a veces prácticamente inalteradas, tan lejos como en las orillas del océano Atlántico o el mar Báltico.

De forma algo paradójica, tal como lo percibimos hoy el budismo es demasiado indio y no suficientemente indio al mismo tiempo. Es demasiado indio en el sentido de que el budismo indio ha acabado viéndose como representante del budismo "clásico", en detrimento de otras formas de budismo igualmente significativas. A menudo se subestima la importancia de los cánones de escrituras tibetanos y sinojaponés en relación con los cánones pali y sánscrito, tanto en cuanto a su volumen como a su contenido doctrinal. Al mismo tiempo, no es suficientemente indio en el sentido de que este budismo "clásico" se ha convertido en una especie de budismo "envasado al vacío", aislado de su contexto cultural y social. El budismo en la vida real, sea indio u otro, es otra historia, una historia que todavía está por escribir y que será muy distinta.

Detengámonos un instante a considerar el énfasis que recibe el budismo indio y que a primera vista queda justificado dada la importancia cultural que tiene tanto en Asia como en Occidente. Cabe señalar que en un plano específicamente filosófico la primacía del budismo indio está menos justificada, en especial en relación con el jainismo, otro sistema religioso, cultural y filosófico de gran alcance. Sin embargo, nuestro conocimiento del movimiento jainista, que parece haber sido fundado por un contemporáneo del Buddha, no va más allá de algunos vagos clichés.

Asimismo, un budismo puede ocultar otro. El interés por el budismo "clásico", con sus dos formas conocidas como el Gran Vehículo y el Vehículo Inferior, ha centrado el interés en detrimento de otros movimientos filosóficos y religiosos como el budismo tántrico, que a menudo se ve relegado a la categoría de la magia y la superstición. Tenemos que dejar atrás la idea de que la reflexión filosófica en el budismo llegó a su punto álgido en la India con la tradición Mâdhyamika (Camino Medio) y que el resto son tan sólo notas a pie de página de *Los versos fundamentales del Camino Medio* de Nâgârjuna.

Paradójicamente, hablar de la falta de atención en Occidente sobre la India, como hace Roger-Pol Droit en su estimulante libro *L'Oubli de l'Inde*, equivale a hablar de Occidente más que de la India. Del mismo modo, hablar de filosofía budista equivale a hablar de filosofía más que de budismo.

Si consideramos la tradición budista en cuanto a su expansión geográfica y la difusión de su doctrina, y no sólo en cuanto a su proximidad ideal con las fuentes indias, resulta evidente que han existido serios prejuicios por parte de los historiadores. Como se ha dicho antes, el budismo surgió en el norte de la India alrededor del siglo v a.n.e. y se expandió a través de Asia en el transcurso de los siguientes diez siglos. Sin embargo, a excepción del Zen, la tradición del budismo sinojaponés ha sido extrañamente pasada por alto hasta hace poco, tanto por parte de los sinólogos como de los budólogos.

Al igual que el pensamiento occidental se fundamenta en ideas grecorromanas y judeocristianas, el pensamiento budista ha sido capaz de asimilar dos culturas tan radicalmente distintas como la india y la china, por no hablar de culturas indianizadas y sinizadas, y no por ello menos originales, como la tibetana y la japonesa. Para poder comprender el pensamiento budista y los distintos modos en que ha adquirido mayor complejidad y se ha revitalizado debido a las religiones locales, debemos alejarnos de la India y tener en cuenta el conjunto de Asia.

Al mismo tiempo que desarrolló el potencial del Mahâyâna, el budismo chino se abrió a influencias de distintas corrientes no budistas, en especial el daoísmo y el confucianismo. Ha llegado la hora de revaluar la contribución china al pensamiento budista y, en especial, la considerable contribución filosófica que efectuaron las distintas escuelas del budismo chino. Al "olvidar" el budismo chino, la "budología" y la sinología se han convertido en herederas de una tradición china (básicamente confuciana) que considera la doctrina budista como una religión "bárbara". La influencia de esta concepción puede encontrarse, por ejemplo, en las obras de Victor Segalen, quien se refiere a la "herejía budista" y su influencia perjudicial en la China de la dinastía Wei. Segalen incluso sugiere que el budismo en China es una enfermedad del pensamiento chino y que el arte budista en China es una enfermedad de las formas chinas.

La India por sí misma ya no es suficiente para explicar el budismo, aunque puede explicar el budismo *indio*, y ello a pesar de que otras formas de budismo resultarían incomprensibles sin la India.

El budismo es el culto a la nada

«El budismo es un culto a la nada.
¡Qué cosa que venerar, diríamos!
Sí, sin duda, es un hecho extraño pero demostrado.»
VICTOR COUSIN, 1841

Hasta comienzos del siglo pasado, el budismo era visto como una doctrina nihilista. Esta idea procedía de una interpretación incorrecta de la concepción de *nirvâna* y fue sostenida, en un u otro modo, por casi todos aquellos que escribieron sobre el budismo a lo largo del siglo XIX y principios del XX. Así, por ejemplo, el escritor católico Paul Claudel afirmaba en *Knowing the East*: «El Buddha sólo encontró la nada y su doctrina enseñó una comunión monstruosa».

El debate sobre el "nihilismo budista" en el siglo XIX revela un aspecto oscuro del discurso filosófico europeo, que hace cuestionarnos nuestra interpretación actual del budismo. Sin embargo, y sin que esté muy claro cómo o por qué, a principios del siglo pasado este orientalismo negativo que tendía a demonizar el budismo se vio reemplazado por un orientalismo positivo que, por el contrario, tendió a idealizarlo. De todos modos, cada vez resulta más claro que el budismo no es, ni probablemente nunca lo fue, la doctrina armoniosa que sus seguidores nos quieren presentar.

En la actualidad, existe la opinión general de que el budismo es una construcción bastante reciente, que data de principios del siglo XIX. En efecto, fue durante esta época que el neologismo empezó a aparecer en los textos. Sin embargo, la impresión predominante que se tiene hoy del budismo como una doctrina terapéutica, racional, compasiva y tolerante estuvo precedida por otra concepción diametralmente opuesta que describía el budismo como un temible "culto a la nada".

El término *nirvâna* es una palabra sánscrita que designa el estado último que alcanzó el Buddha, en contraposición con *samsâra*, el ciclo de la vida y la muerte. Mientras que en principio el *nirvâna* sigue siendo el objetivo final del budismo, hoy ha perdido las connotaciones negativas que tuvo en el siglo XIX. Mientras que en la tradición Hînayâna el *nirvâna* se definía como la extinción de todos los deseos, una pura ausencia, la tradición Mahâyâna fue más allá y desencadenó una revolución mental: el indefinible *nirvâna* era ahora definido a partir de cuatro términos: permanencia, felicidad, subjetividad y pureza. El objetivo final se reinterpreta como "iluminación" o, más exactamente, como "Despertar" (término que traduce la palabra sánscrita *bodhi*, la experiencia por la que uno llega a ser un "buddha" o "despierto"). Se trata de una experiencia pura que, más que poner fin al mundo de los sentidos, lo santifica y ocupa un lugar en este mundo. Lejos de rechazar el mundo, el Despertar se convierte en una forma de felicidad suprema en este mundo, depurado de todos sus aspectos negativos y percepciones falsas causadas por las ilusiones. Como el laico Vimalakîrti le dice al *arhat* Shariputra, quien se lamenta de vivir en un mundo demasiado imperfecto: «Cuando tu mente es pura, el mundo se vuelve una Tierra Pura».

Dada la importancia histórica de la concepción "nihilista" del budismo en Occidente, puede ser útil examinar rápidamente el desarrollo de esta idea. Aunque en general se aceptaba que los budistas consideran que el *nirvâna* designa la liberación, el final de un doloroso ciclo de transmigración, existían varias opiniones sobre la naturaleza de esta liberación. Algunos pensaban que el rechazo budista del alma y de Dios significaba que el *nirvâna* tenía que comportar la destrucción total y que el budismo era por lo tanto nihilista, una forma sombría de pesimismo. En cambio, otros definieron prudentemente el budismo como un agnosticismo, sosteniendo que el Buddha no habló sobre la naturaleza de esta liberación. Ambas partes manifiestamente encontraban difícil de entender por qué los budistas equiparan el *nirvâna* con la beatitud y la inmortalidad y por qué sostienen que el Buddha trascendió la muerte.

No hay duda de que la persona que contribuyó más a la interpretación nihilista del *nirvâna* durante el siglo XIX fue el filósofo alemán Hegel. Para él, el *nirvâna* budista simplemente es la nada, «que los budistas convierten en el principio de todo, el objetivo final y el fin último de todo». De este modo consideraba completamente natural que se representara al Buddha en una «postura pensativa» en la que «los pies y las manos se entrelazan y un dedo del pie entra en la boca». Se trataba de la expresión perfecta del «retraimiento en uno mismo, chupándose uno mismo». Sin embargo para Hegel la nada budista no es lo contrario del ser, como se entenderá posteriormente, sino que se trata del absoluto, libre de toda determinación. Dirigirse hacia el absoluto destruye la propia individualidad relativa y condicionada. La vacuidad que resulta no es la nada, se trata solo de otro nombre para la plenitud.

Pero, desafortunadamente, los herederos de Hegel sólo retuvieron su formulación y no sus matices sutiles. Incluso el eminente especialista francés Eugène Burnouf, el primer traductor del *Sûtra del Loto*, afirmó que el Buddha «concebía el bien supremo como la aniquilación del principio del pensamiento». Su discípulo Jules Barthélémy Saint-Hilaire fue todavía un paso más allá y dijo: «Si hay algo en el mundo que va en contra de la doctrina de Cristo, es esta idea deplorable de la aniquilación que constituye el fundamento del budismo». Por este motivo, posteriormente el Buddha sería conocido como «el gran Cristo de la vacuidad» (Edgar Quinet), y el budismo, como «la Iglesia del nihilismo» (Ernest Renan).

El filósofo alemán Schopenhauer dio un sesgo radicalmente más pesimista al budismo al considerlo una religión atea. Al mismo tiempo, el *nirvâna* ya no es la nada misma, sino que solo nos lo parece debido a las limitaciones del lenguaje y el pensamiento. En el *Mundo como voluntad y representación,* el punto de vista de Schopenhauer sobre este aspecto es parecido al de Hegel, cuando escribe: «Definir el Nirwana [*sic*] como la nada equivale a decir que el *samsâra* no contiene un solo elemento que pueda servir para definir o construir el Nirwana». Por su parte, Nietzsche vio en el budismo una «nostalgia de la nada», una «astenia de la voluntad» y afirmó que la «tragedia debe salvarnos del budismo».

Pero la interpretación nihilista se basa en dos falacias: la primera consiste en un error en cuanto al objetivo, esto es el *nirvâna*, cuya naturaleza trascendente a pesar de estar más allá de cualquier formulación ha sido interpretada como la simple inexistencia o destrucción; la segunda consiste en un error en cuanto al método dialéctico de la escuela Mâdhyamika que se sirve de la negación, pero que no se queda en la negación, sino que descarta cualquier concepto, incluso el de vacuidad. Esto significa simplemente que no podemos decir nada sobre la realidad última, no significa que la realidad no exista más allá o fuera de lo que podemos decir.

Según Roger-Pol Droit, este malentendido, que se prolongó a lo largo del siglo XIX y continuó existiendo, es sintomático de los males de la sociedad occidental, en concreto, revela los miedos de los filósofos occidentales al confrontarse con el espectro del nihilismo. Pero este hecho iba más allá de una simple, aunque lamentable, incapacidad de comprender una doctrina demasiado distinta de la nuestra, también constituía una estrategia política real, una forma de resistencia activa en contra de los males extremos que se creía que amenazaban la sociedad occidental. La conciencia europea proyectó sus propios miedos en el budismo debido a la "muerte de Dios", la pérdida de anclajes metafísicos en la filosofía postkantiana, las revueltas en la clase trabajadora y la "decadencia de Occidente", entre otros aspectos.

También incidieron otros elementos sociopolíticos, en especial el auge del colonialismo y el espíritu misionero. Según Droit, la valoración filosófica sobre la India parece alcanzar un punto clave con Jules Barthélémy Saint-Hilaire, autor de un virulento panfleto contra el budismo titulado *El Buddha y su religión*. No es casualidad que este académico fuera también ministro de Asuntos Exteriores durante el gobierno de Jules Ferry en la III República y la expansión colonial francesa.

La creciente indiferencia por la India durante la segunda mitad del siglo XIX (después del entusiasmo del "Renacimiento oriental" de la primera mitad de siglo) es un misterio para los historiadores. Sin embargo, el cambio que supondría la gradual idealización del budismo a partir de comienzos del siglo XX debería, lógicamente hablando, haber despertado un interés renovado por la filosofía de la India. Sin embargo, esto no sucedió, quizás porque el budismo en cuestión ya no era visto como esencialmente indio. Así pues, el debate alrededor del *nirvâna* parece ser tanto un síntoma como una causa de la mala comprensión del budismo.

El budismo no es una religión, sino una filosofía

«El budismo es básicamente una actitud ante la vida, lo que podríamos llamar, a falta de una expresión mejor, una filosofía, pero una filosofía que se dirige hacia el absoluto.»
MICHEL MALHERBE, *Las religiones de la humanidad*, 1990

Sin duda, esta es la idea más extendida acerca del budismo, incluso entre los especialistas. Según Jean-François Revel en *El monje y el filósofo:* «Se trata de una filosofía que comprende una dimensión metafísica particularmente importante. Sin embargo, esta dimensión metafísica forma parte de una filosofía y no proviene de una revelación, aunque comporta aspectos rituales relacionados con la práctica religiosa».

Con todo, para muchas personas la esencia del budismo se resume en una particular "revolución racional" en contra de cualquier forma de revelación o metafísica. Pero lo que vale para ciertas escuelas del budismo, que se han dado a conocer demasiado rápidamente como "budismo original", no vale necesariamente para el budismo en su conjunto. Incluso el budismo primigenio siempre es una evolución y una realidad plural.

Por supuesto, la filosofía budista ostenta nombres como los de Nâgârjuna (siglos II-III) o Chandrakîrti (ca. 600-650) en la India, Tsongkhapa (1357-1419) en el Tíbet, Jizang (549-623), Fazang (643-712) o Zongmi (774-841) en China, o Kûkai (774-835) y Dôgen (1200-1253) en Japón. Los argumentos lógicos o epistemológicos propuestos por los pensadores budistas, sin duda, no son menos válidos que los planteados por sus homólogos occidentales. Sin embargo, siempre se enmarcan en un determinado contexto, que es el de la liberación budista y no el de la razón universal. Como señala el académico belga Louis de la Vallée-Poussin, el budismo «nació de y ha vivido en la creencia de la vida más allá de la muerte y la retribución de las acciones, en la fe de la salvación eterna [...]. Convertirlo en una forma de racionalismo nos impediría comprender algo sobre él» (*Bouddhisme: Opinions sur l'histoire de la dogmatique*, 1925).

Algunas personas han evitado utilizar por completo los términos "religión" y "filosofía", utilizando en su lugar las palabras "espiritualidad" o "sabiduría". Para otros, el budismo es ante todo un camino que conduce al Despertar o una doctrina ética basada en la compasión. Pero en realidad todas estas definiciones son cualquier cosa menos neutrales. De lo que se trata siempre es de sostener, con toda inocencia, que el budismo *no* es una religión o, por lo menos, que sus aspectos específicamente religiosos tienen una importancia secundaria.

Cuando se trata el aspecto filosófico del budismo, se suele decir que la "realidad es incognoscible". Esta afirmación negativa se refiere tanto a la naturaleza de las cosas o la realidad como al conocimiento. Si las cosas no existen en sí mismas, como sostiene la tradición Mahâyâna, ¿puede la naturaleza de las cosas ser realmente objeto de conocimiento? Si la verdad última es inefable y no puede conceptualizarse, el conocimiento debe ser no conceptual y no lingüístico.

En el momento del Despertar, se dice que el Buddha alcanzó la omnisciencia, el conocimiento de todos los *dharmas* o elementos que constituyen la realidad. En el budismo primigenio, este conocimiento se basa en un enfoque discursivo. Sin embargo, hay una dimensión "inconcebible" (*achintya*) que el pensamiento no puede alcanzar. Este hecho puede explicar por qué el Buddha rechazó ciertas preguntas relativas, por ejemplo, al origen del mundo, carentes de valor soteriológico. Así pues, en un origen, el término *achintya* se utilizaba para referirse a preguntas mal formuladas, pero posteriormente acabó designando la naturaleza misma de la realidad y la percepción paradójica de esta naturaleza en el Despertar.

El estatus epistemológico del conocimiento en los textos más antiguos resulta ambiguo. En varios textos se dice que existen dos tipos de obstáculo para el Despertar: las aflicciones y el conocimiento. En efecto, todo conocimiento empírico, al ser condicionado, lleva la marca de la ilusión. En tanto que un componente de la personalidad, la conciencia (*vijñâna*) es temporal e insatisfactoria, por lo que el pensamiento racional no es la facultad suprema que gobierna sobre todas las cosas, como afirmaba Descartes.

Sin embargo, existe una forma de conocimiento intuitivo que no se halla sujeto a estas limitaciones. Desde los primeros siglos del budismo, ciertos textos han concebido el pensamiento como más estable y lo han descrito como "luminoso" y como el *dharma* que lo abarca todo. Durante el desarrollo del Mahâyâna a lo largo de los primeros siglos de nuestra era, este conocimiento se definió como un tipo de gnosis (*prajñâ*), por lo que la cuestión radica en identificar si este conocimiento prolonga el conocimiento discursivo o, si por el contrario, se contrapone a él.

Más en concreto, aparece la idea de que la comprensión del absoluto se alcanza mediante una forma particular de conocimiento conocida como *prajñâpâramitâ* o Perfección de la Sabiduría. De hecho, este conocimiento paradójico es un no conocimiento. En efecto, el enfoque apofático o negativo concibe el Despertar como inconcebible, inefable e inalcanzable, por lo que solo puede abordarse dialécticamente a través de una negación doble (ni esto ni aquello) o, en último término, con el silencio.

En el *Sûtra de Vimalakîrti*, el practicante laico Vimalakîrti afirma: «Todos los *dharmas* están desprovistos de características y, como tales, son inefables e inconcebibles. Al ser inexistentes, carecen de características. No podemos decir nada de ellos y, si lo hacemos, es solo mediante convenciones. Conocerlos es no pensar en ellos». En consecuencia, los practicantes deben percibir todas las cosas como reflejos en un espejo, agua en un espejismo, sonidos en un eco, imágenes en un sueño o, más metafóricamente, como la erección de un eunuco o el embarazo de una mujer estéril. El Despertar, dice Vimalakîrti, no viene confirmado ni por el cuerpo ni por el pensamiento, es el fin de todas las visiones erróneas.

La misma idea puede encontrarse en un famoso texto sobre la concepción de *prajñâpâramitâ*, el *Sûtra del Corazón*. En este breve texto, que recitan a diario budistas desde el Tíbet hasta Japón, el *bodhisattva* Avalokiteshvara explica la vacuidad al *arhat* Shariputra. Este representa el punto de vista ingenuo del Hînayâna y, para gran sorpresa suya, aprende que todas las doctrinas tradicionales resultan inválidas y vacías cuando se trata de la realidad última. En particular, así sucede con las Cuatro Nobles Verdades (relativas al sufrimiento, el origen del sufrimiento, la extinción del sufrimiento o *nirvâna* y el camino para llegar a él) enunciadas por el Buddha en su primer discurso. De forma paradójica, este texto eminentemente filosófico termina con un mantra, lo que no ha escapado a la atención de los estudiosos: algunos lo han visto como una simple interpolación y otros como una nuevo tipo de lenguaje adaptado a la vacuidad, un anticipo del lenguaje "implícito"* del budismo tántrico.

* El "lenguaje implícito" (*sâmdhyâ bhâshâ* en sánscrito), también conocido como "lenguaje crepuscular", propio de los *tantras* consiste en expresiones cuyo significado auténtico no es literal y requiere de la clave interpretativa de un maestro. *(N. del T.)*

Posteriormente, las ideas del *Sûtra de Vimalakîrti* fueron adoptadas y sistematizadas por la escuela conocida como Camino Medio o Mâdhyamika, tal como las formuló Nâgârjuna durante el siglo III n.e. Nâgârjuna heredó la tradición literaria de la doctrina de *prajñâpâramitâ* y está considerado como su primer sistematizador. Fue un autor muy influyente y su obra constituye un punto de referencia esencial e ineludible para muchos exegetas, la ortodoxia máxima de la doctrina Mahâyâna.

Nâgârjuna demuestra de forma lógica la futilidad de cualquier conocimiento en particular y presenta la naturaleza inconcebible de la realidad en la forma de un tetralema clásico. Como indica la etimología de la palabra, este tetralema se compone de cuatro proposiciones: afirmación (X = A), negación (X = no A), la síntesis de ambas (X = A *y* no A) y la negación dialéctica de ambas (X = *ni* A *ni* no A), donde la tercera proposición contradice claramente el principio de no contradicción definida por la lógica aristotélica. En cualquier caso, la realidad absoluta escapa por definición a estas cuatro proposiciones que definen cualquier relación posible.

El agnosticismo del budismo Mâdhyamaka no es un mero escepticismo pirrónico. Tampoco es un nihilismo, puesto que su negación de la existencia no implica tampoco la inexistencia. El valor de esta deconstrucción intelectual se ilustra de forma original en un texto posterior, el *Hevajra Tantra*. Según la traducción de David L. Snellgrove: «Igual que a un hombre que sufre de flatulencias se le dan alubias para comer, para que las ventosidades venzan a las ventosidades a modo de cura homeopática, del mismo modo la existencia se purifica con la existencia al contrarrestarse el pensamiento discursivo con su propia clase» (p. 93). Desde la publicación de la obra clásica de T.R.V. Murti, *The Central Philosophy of Buddhism* (1955), se ha considerado el budismo Mâdhyamaka como la culminación del pensamiento budista. Este hecho ha propiciado una lectura puramente filosófica del budismo primigenio, que tiende a reducir al Buddha a un precursor de Wittgenstein o, en otras palabras, a alguien que rechaza las cuestiones metafísicas demostrando que están mal formuladas y que, por lo general, se reducen a errores gramaticales.

Al negar la existencia real del yo y de las cosas, el Mâdhyamika parecía socavar uno de los aspectos fundamentales de la doctrina budista: el principio de la retribución de los actos o karma. En este sentido, para evitar este riesgo, Nâgârjuna recurre a la concepción de las dos verdades. Desde el momento en que la verdad convencional constituye el único medio de acceder a la verdad última (la vacuidad), todas las prácticas tradicionales mantienen su razón de ser por el momento. Sin embargo, algunos epígonos de Nâgârjuna que llevaron la lógica de la vacuidad a su límite, simple y llanamente, negaron cualquier forma de meditación y, en especial, todo su valor en cuanto a medio de conocimiento de la realidad. Es el caso, por ejemplo, de las formas más radicales del budismo Chan.

En teoría, el Chan (Zen, en japonés) deriva del Mâdhyamika. Así, por ejemplo, un texto Chan antiguo se refiere del siguiente modo al tetralema de Nâgârjuna:

«–¿A caso puede alcanzarse el Despertar mediante el ser?

–No.

–¿Mediante el no ser?

–No.

–¿Mediante el ser *y* el no ser?

–No.

–¿Mediante *ni* el ser *ni* el no ser?

–No.

–Entonces, ¿cómo podemos aprehender su significado?

–No hay nada que aprehender, esto es lo que llamamos alcanzar el Despertar».

El maestro chino Linji Yixuan, fundador en siglo IX de la escuela Linji (Rinzai, en japonés) que acabaría siendo una de las dos mayores escuelas del Zen japonés, describió el conocimiento como «una catarata en el ojo» y sus objetos como «flores en el cielo», es decir, como ilusiones ópticas. Él también ofrece su propia versión del tetralema al describir la relación entre el sujeto conocedor y el objeto de conocimiento del siguiente modo:

«A veces uno elimina la persona, pero no el entorno. A veces uno elimina el entorno, pero no la persona. A veces uno elimina tanto la persona como el entorno. A veces uno no elimina ni la persona ni el entorno».

Entonces cuando un discípulo le pregunta cómo se elimina la persona, pero no el entorno, Linji le responde con un poema críptico:

> «–El sol radiante cubre la tierra con una alfombra de brocado. La cabellos del niño cuelgan como hilos blancos de seda.
>
> –¿Y cómo se elimina el entorno, pero no la persona? –preguntó el monje.
>
> El maestro respondió:
>
> –Igual que las órdenes del rey llegan a todas partes, el general en la frontera deja de luchar.
>
> El monje preguntó entonces:
>
> –¿Y cómo se elimina tanto la persona como el entorno?
>
> Y el maestro respondió:
>
> –Las provincias de Hei y Fu están completamente aisladas, cada una en su propio lugar.
>
> Finalmente el monje preguntó:
>
> –¿Cómo no se elimina ni la persona ni el entorno?
>
> El maestro dijo:
>
> –Cuando el rey asciende al palacio diamantino, los campesinos cantan en los campos».

Aunque sus respuestas están sujetas a la hermenéutica doctrinal, este cambio de registro modifica radicalmente el valor "filosófico" del tetralema de Nâgârjuna asignando un carácter oracular al lenguaje.

Aunque es importante ver el budismo en el marco general

de la filosofía, también hay que preguntarse cuál es su coste. De hecho, si no somos capaces de cuestionarnos la supremacía que concedemos a un determinado discurso racionalista occidental, corremos el riesgo de contribuir a un nuevo tipo de exclusión todavía más sutil y hacer virar de nuevo la cuestión hacia Occidente. Al situar el budismo en un contexto filosófico, estamos realizando una elección que, por muy justificable que sea, tiene sus consecuencias. Porque, al fin y al cabo, implica la exclusión de lo no filosófico, que se considera como menos relevante para comprender otra cultura o, al menos, para suscitar el interés occidental hacia otras culturas.

Esta exclusión, sin duda, pretende evitar etiquetar el budismo como una moda espiritual, una sabiduría o una religiosidad o, peor aún, como un culto. Al mismo tiempo, aunque debido a distintas motivaciones, nuestra clara preferencia por un budismo filosófico enlaza con los intentos de las élites asiáticas por presentar una forma de budismo purificada, "desmitologizada" y racional. En resumen, una doctrina perfectamente adaptada a la modernidad. Al mismo tiempo, esta doctrina de mínimos también ofrece un modo de controlar la proliferación de discursos. De hecho, representa un cierto rechazo a la diversidad de prácticas y creencias en nombre de una ortodoxia intelectual.

Es cierto que no es posible ni deseable resolver la cuestión de una vez por todas. Pero si nos limitamos al budismo tradicional o, en otras palabras, al budismo asiático, podemos definirlo como una religión, a pesar de ser una religión bastante distinta de los tipos de religión a los que estamos acostumbrados. Una religión con importantes componentes filosóficos, espirituales y mágicos, todos ellos términos que nuestra lógica occidental consideraría como mutuamente excluyentes.

Si nos ceñimos a la definición propuesta por el sociólogo Émile Durkheim en *Las formas elementales de la vida religiosa* (1912), el budismo es en realidad una religión en tanto que es un «sistema de creencias y prácticas relativas a lo sagrado que produce conductas sociales y une en una misma comunidad al conjunto de personas que se adhieren a él».

Pero ¿por qué no quedarse simplemente con "pensamiento" budista: un término más amplio que tiene la ventaja de incluir al ritual, la lógica y la mitología? De hecho, se trata del pensamiento en su sentido más amplio. Es cierto que se trata de una forma de pensamiento condicionada por una sociedad y una cultura determinadas, pero ¿qué pensamiento no lo está? Cualquier filosofía, por muy pura que sea, es cultural en el sentido que refleja las categorías lingüísticas de la lengua en la que se expresa.

Todos los budistas buscan alcanzar el Despertar

«El objetivo espiritual hacia el que se dirige el budismo es el Despertar.»

MATTHIEU RICARD, *El monje y el filósofo*, 1997

Con el budismo Mahâyâna emerge un nuevo ideal, el del *bodhisattva*, esto es el practicante que intenta alcanzar el Despertar. El Despertar no implica, como el *nirvâna*, el abandono del mundo sensorial. Más bien al contrario, el término *bodhisattva* ahora designa a un ser que ha despertado y que está completamente vivo, en este mundo o en otros.

El ideal del *bodhisattva* entró en competencia con el del *arhat*: se pasaba del asceta que vivía fuera de este mundo al laico o monje que vivía en él. Este nuevo ideal evidentemente implicaba una crítica del anterior. Según los seguidores del budismo Mahâyâna, el *arhat* sólo practica para sí mismo con el fin de alcanzar el *nirvâna* lo antes posible, mientras que el *bodhisattva*, desde su gran compasión, aspira a ser un buddha con el único fin de guiar a los demás seres al Despertar y rechaza la liberación si solo es individual. Ahora el énfasis ya no se pone en una especie de santidad pasiva caracterizada por la renuncia, sino en una serie de virtudes activas conocidas como las seis perfecciones (generosidad, conducta ética, paciencia, energía, concentración y sabiduría), que se adaptan mejor a las necesidades de las personas comunes. De este modo, el camino del *bodhisattva* ya no se limita a los monjes, sino que también se abre a los laicos, tanto hombres como mujeres. El objetivo final también se ve modificado: ya no se trata de la santidad que resulta en el *nirvâna*, sino de un perfecto y supremo Despertar puesto al servicio de la obtención de la liberación por el bien de todos los seres en este mundo.

Según algunos textos del Mahâyâna, como el *Sûtra del Loto*, el camino del *bodhisattva* es el único auténtico, todos los demás no son más que métodos, mentiras piadosas que permiten alcanzar esta única realidad. Por lo que solo existe un "vehículo" verdadero, el Gran Vehículo, todos los demás son ilusorios. Hay dos momentos cruciales en el camino de un *bodhisattva*: al comienzo, el pensamiento del Despertar (*bodhichitta*) y, al final, el nivel en el que se obtiene el Despertar supremo. Aunque estos dos momentos pueden estar separados por intervalos de tiempo extraordinariamente largos (de la escala de varias vidas), el momento final ya está contenido en el momento inicial. Así pues, este momento inicial es sumamente importante, porque es entonces cuando el creyente se propone no solo alcanzar el Despertar, sino atrasarlo hasta que todos los seres se liberen. Es precisamente esta actitud de compasión la que guiará al creyente en su práctica y allanará todas las dificultades.

A pesar de que el término *bodhisattva* en principio puede aplicarse a cualquier seguidor del Mahâyâna, principalmente designa a aquellos seres especialmente extraordinarios que, después de largos períodos de práctica, han acumulado numerosos méritos que ahora pueden ponerse al servicio de los demás. Estos *bodhisattva*s tienen la capacidad de manifestarse en cualquier forma (divina, humana o animal) para ayudar a aquellos que lo necesiten. Incluso se aparecen entre los condenados en los infiernos o adoptan una forma animal para ayudar a los animales. Por este motivo, los *bodhisattvas* rápidamente se convirtieron en objeto de un culto que transformó el budismo en una religión basada en la fe y la devoción.

Pero volvamos a la cuestión de los *bodhisattvas* "comunes". Con el desarrollo de la tradición Mahâyâna en China o Japón, los monjes del Mahâyâna redefinieron la disciplina monástica para adaptarla a las nuevas condiciones culturales. Ahora el énfasis se ponía en una ética interiorizada basada en la fe y el altruismo. Ya no bastaba con evitar el mal, ahora había que hacer el bien. De este modo, se desarrolló un nuevo tipo de ordenación, fundamentada en los "preceptos del *bodhisattva*" y abierta a los laicos (y en especial a los grandes patronos del budismo). Estos *bodhisattvas* recién ordenados se orientaron hacia el trabajo social, como la construcción de templos, hospicios, carreteras y puentes.

No faltan textos canónicos o prácticas arraigadas que afirmen que el Despertar es el objetivo final de la práctica budista. Algunos sostienen que este objetivo está lejos de nuestro alcance debido a la debilidad de los seres humanos, aunque, al menos a corto plazo, la práctica de las virtudes budistas, incluso en un estado mental imperfecto, permite a la persona acumular ciertos méritos. Se dice que este karma positivo se traduce en determinados beneficios en la vida actual o en un mejor renacimiento en el futuro. Por ejemplo, una persona tendrá la oportunidad de renacer como ser humano, preferiblemente como varón y en una buena familia.

La idea de que el Despertar es el objetivo último goza de cierto grado de nobleza comparado con la concepción popular del karma. Sin embargo, la realidad es que para la inmensa mayoría de budistas en Asia la concepción del Despertar se utiliza con demasiada frecuencia como una excusa oportuna para disfrazar el hecho de que la práctica real busca en primer lugar obtener beneficios mundanos, tanto materiales (como la riqueza) como simbólicos (como el prestigio). Corremos el riesgo de no entender nada sobre el budismo de la vida real si subestimamos estas motivaciones "humanas, demasiado humanas". En efecto, los budistas suelen vivir de acuerdo con una serie de métodos considerados como "liberadores", sin embargo estos métodos o "medios hábiles" (*upâya*) tienden a convertirse en un fin en sí mismos, mientras que el Despertar se aleja hacia un futuro cada vez más lejano.

Los laicos principalmente buscan obtener beneficios tangibles como la felicidad, el prestigio o la riqueza e, incluso, obtener beneficios inmediatos algo menos tangibles como, por ejemplo, la liberación de un ser querido después de su muerte. El Despertar sigue siendo el objetivo expreso de los monjes, aunque en la práctica la mayoría de las comunidades monásticas también busca riquezas materiales o prestigio en este mundo y un mayor reconocimiento en el más allá. Añadamos a este hecho una serie de "superpoderes", como la capacidad de leer el pensamiento de los demás, la clarividencia, etc. A aquellos que poseen estos "poderes" se les otorga un mayor respeto, con lo que de forma indirecta se contribuye considerablemente a su prosperidad material.

Aunque estos fines puedan parecer menos ambiciosos que el Despertar, no deberíamos precipitarnos y condenarlos como reflejos de un declive o degeneración del ideal original. Más bien, deberíamos considerarlos como una especie de ardid del pensamiento budista, un método del budismo para establecerse a largo plazo. De hecho, desde su origen, el budismo ha tenido que hacer concesiones para sobrevivir como institución. A juzgar por los textos del Vinaya, que aportan una descripción detallada de las reglas de disciplina dadas por el Buddha, la primera comunidad no era una reunión de gloriosos *arhats*, sino un grupo de personas más bien comunes. En cualquier caso, este grupo fue la base de una institución que ha sobrevivido durante siglos y ha mantenido viva la llama del Despertar, si bien es cierto que algo atenuada.

Sin embargo, no es una mera resignación o el abandono de un ideal demasiado ambicioso o lejano lo que lleva a la mayoría de budistas a concentrarse en el presente o el futuro inmediato. En muchos casos también existen motivos espirituales. De hecho, si nos concentramos demasiado en el Despertar y en el futuro radiante que nos ofrece, corremos el riesgo de pasar por alto lo más importante: el presente y la condición humana. De este modo, en algunas escuelas del budismo Mahâyâna, el Despertar ya no es un fin en sí mismo, sino que se trata más bien de alcanzar un equilibrio entre el Despertar y los medios hábiles. Al fin y al cabo, como afirma el *Sûtra de Vimalakîrti*, la sabiduría sin método no es mejor que un método sin sabiduría. La sabiduría sin método se queda en letra muerta, deja de poder ayudar a los demás. Lo contrario también es cierto.

Entonces, ¿en qué consisten estos métodos omnipresentes? Principalmente, en rituales. En efecto, el ritual es omnipresente incluso en escuelas que afirman ser antirritualistas, como es el caso del Zen. El ritual Zen se refiere no solo a ritos en el sentido literal de la palabra (plegarias, recitación de las escrituras, veneración de iconos, etc.), sino también a la más pequeña de las acciones de la vida cotidiana (la comida, el trabajo, etc.). Entonces, quizás el objetivo buscado sea la disolución de las distinciones entre la esfera sagrada y la profana. Como dice un maestro Zen: «El Despertar que es consciente de sí mismo es el Despertar en un sueño».

El Despertar sigue presentándose como la marca del budismo "auténtico", mientras que el interés por los "beneficios mundanos" (*genze riyaku* en japonés) derivados de las acciones piadosas y la devoción a las divinidades budistas queda relegado a una forma menos auténtica de budismo, el resultado de un pobre acuerdo con las culturas locales y las necesidades populares. Pero sería presuntuoso si supusiéramos que nosotros los occidentales podemos identificar y comprender fácilmente la verdadera enseñanza del Buddha después de siglos de olvido y desviaciones, al mismo tiempo que sostuviéramos que los pueblos de Asia, que han practicado el budismo durante tanto tiempo, nunca lo han entendido realmente. Este tipo de suposiciones muestran la resistencia de la ideología orientalista entre los adherentes occidentales del budismo (o más bien, del neobudismo). Aunque ya no menospreciamos el budismo en nombre de una supuesta superioridad cultural occidental, como hicieron nuestros antepasados, nuestra tendencia a idealizarlo y a reducirlo a una enseñanza no contaminada por intereses mundanos y centrada de forma exclusiva en el Despertar sigue siendo fundamentalmente errónea.

No fue la expectativa del Despertar la que convenció a los líderes chinos, tibetanos y japoneses a convertirse al budismo, sino la protección que el budismo parecía ofrecerles ante males de todo tipo, tanto individuales como colectivos (epidemias, invasiones, etc.). El éxito del budismo en Asia se debe principalmente a su supuesta eficacia en la protección del Estado. Así, una parte esencial de las actividades de los monjes consistía en orar por la salud del emperador y la prosperidad del pueblo.

Entonces, ¿por qué tanta historia con el Despertar? ¿Y de qué tipo de Despertar estamos hablando? Como el *nirvâna*, el Despertar es famoso por su dificultad de ser definido. ¿Acaso es, como a menudo se dice, una especie de redescubrimiento de nuestro yo profundo o, por el contrario, la comprensión de su inexistencia? En el Zen, en particular, todos los seres están fundamentalmente despiertos en virtud de su naturaleza búdica. No se puede añadir nada a su perfección: esperar alcanzar el Despertar mediante la práctica, como dicen los maestros Zen, es algo así como querer añadirse una cabeza sobre la propia cabeza.

La misma concepción del Despertar ha evolucionado considerablemente en la tradición budista. Para poner solo un ejemplo: los budistas de Asia Oriental llevan delante de su nombre religioso el patronímico de Shâkya, para indicar que son, simbólicamente, los hijos e hijas de Shâkyamuni (el "Sabio de los Shâkya"), el Buddha. En otras palabras, cuando reciben la ordenación, se afilian ritualmente al linaje del Buddha, su ancestro común (además, su carta de ordenación se llama "linaje de sangre", a pesar del hecho de que se trata básicamente de una filiación simbólica). En este sentido, el Despertar no es tanto el resultado de una búsqueda espiritual, sino de su herencia inalienable en tanto que descendientes del Buddha. De hecho, las escuelas y movimientos budistas en China y Japón en el pasado se llamaban "familias". En este contexto familiar, es la ordenación y no la práctica la que confiere el derecho al Despertar.

El budismo predica la temporalidad de todas las cosas

«El *Dharma*, la ley moral universal descubierta por el Buddha, se resume en las Cuatro Nobles Verdades.»

MAHATHERA, "La esencia de la enseñanza del Buddha", en *Présence du Bouddhisme*, 2008

La búsqueda de un budismo esencial de naturaleza universal tiende a centrarse en las Cuatro Nobles Verdades pronunciadas por el Buddha durante su primer discurso en Benarés. Los que sostienen que el budismo consiste en una especie de sabiduría estoica basada en el ascetismo se refieren a estas verdades.

La primera verdad, relativa al sufrimiento (*duhkha*, término que designa el sentimiento agudo de la temporalidad universal), se describe así: el nacimiento es sufrimiento, la vejez es sufrimiento, la enfermedad es sufrimiento, la muerte es sufrimiento, el contacto con algo desagradable es sufrimiento, la separación de algo agradable es sufrimiento, no obtener lo que uno desea es sufrimiento; en resumen, el apego a los cinco agregados es sufrimiento.

La segunda verdad enseña el origen del sufrimiento: el "deseo" (*trishna*) que nos conduce de renacimiento en renacimiento, acompañado por el placer y la codicia: un deseo de placer y un deseo de existir, pero también un deseo de no existir.*

La tercera verdad enseña la supresión del sufrimiento mediante la erradicación completa del deseo. Esta supresión de todo deseo y todo sufrimiento se llama *nirvâna*.

La cuarta verdad enseña el Camino Óctuple (*mârga*) para poner fin al sufrimiento y constituye la soteriología budista o la "doctrina de la liberación". El Camino Óctuple que la compone fue definido por el Buddha como Camino Medio que evita los dos extremos: los placeres de los sentidos y el ascetismo. El camino comprende ocho ramas basadas en la conducta ética o *shîla* (palabra justa, acción justa y medios de vida justos), la concentración o *samâdhi* (esfuerzo justo, atención justa y concentración justa) y la sabiduría o *prajñâ* (visión justa e intención justa).

En resumen, el ansia o "deseo" de vivir y ser feliz choca con la temporalidad de todas las cosas y deviene fuente de sufrimiento. Este deseo, basado en la ignorancia (la percepción

* Es decir, en el caso del budista, el deseo de liberarse de la existencia cíclica o *samsâra*. (*N. del T.*)

irreal de un yo sustancial y autónomo), nos lleva a cometer actos que tienen una retribución automática (karma), lo que provoca que constantemente caigamos de nuevo en el doloroso ciclo del nacimiento y la muerte o *samsâra*. El único modo de romper este círculo vicioso es cortar la raíz del deseo. Para conseguirlo, es necesario un largo proceso de purificación con el que se alcanza la extinción total de las llamas del deseo, el *nirvâna*.

La formulación de las Cuatro Nobles Verdades, quizás considerada por algunos como demasiado simple en su pragmatismo, pronto evolucionó en un complejo sistema doctrinal, principalmente psicológico y ético. Tanto el mundo en el que vivimos, nuestro entorno, como nosotros mismos estamos condicionados por el karma (nuestras acciones pasadas). Entre nuestras vidas pasadas, presentes y futuras, existe una cadena causal, normalmente descrita a partir de doce nexos cuya raíz es la ignorancia. De esta derivan sucesivamente las construcciones psíquicas, la consciencia, el "nombre y la forma" (o la personalidad), los seis ámbitos sensoriales, el contacto, las sensaciones, el "deseo" (especialmente el deseo sexual), el apego al yo, la existencia, el nacimiento (o mejor, el renacimiento), la vejez y la muerte. Esta cadena de doce nexos describe la evolución de cinco agregados a lo largo de tres vidas: los dos primeros nexos describen la vida anterior, los siete siguientes describen la vida actual y los tres últimos describen la próxima vida. Sin embargo, esta secuencia es reversible: aunque el orden descrito arriba representa el proceso normal de la existencia, la secuencia invertida describe el retorno a la fuente que permite, mediante el retroceso a las causas, suprimir los efectos y terminar con el proceso de la existencia.

Este esquema esencialmente psicológico de la "formación dependiente" viene acompañado por otro de naturaleza más cosmológica y mitológica que describe los seis posibles destinos que nos esperan después de nuestra vida actual: el destino de los condenados (los infiernos budistas), de los espíritus famélicos, de los animales, de los seres humanos, de los *asura* (una especie de titanes) y de los *deva* (seres celestiales). Al final, siempre es un ser humano quien renace en un estado infernal, animal o celestial, puesto que solo una existencia humana, con su mezcla de sufrimientos y alegrías, puede romper el círculo vicioso del nacimiento y la muerte. De hecho, es solo en una forma humana que nuestro karma puede modificarse radicalmente, mientras que todas las otras formas están sujetas a la retribución del karma pasado. Fue básicamente este segundo esquema el que influyó en el posterior desarrollo del budismo, sobre todo en China y Japón, y dio lugar a la aparición de una descripción mitológica de la vida después de la muerte (con sus infiernos y paraísos).

Es indiscutible que estas Cuatro Nobles Verdades no solo resumen la filosofía del primer budismo, sino del Buddha mismo, y que continuaron desempeñando un importante papel en las distintas formas de budismo que se desarrollaron posteriormente, tanto en la tradición del Gran Vehículo (Mahâyâna) como en la tradición del Vehículo Inferior (Hînayâna). Pero, al mismo tiempo, estas Cuatro Verdades fueron rápidamente relativizadas en varias escuelas del Mahâyâna, sobre todo en la tradición conocida como la Perfección de la Sabiduría (*prajñâ pâramitâ*). Esta tradición enseña que todo está vacío y carece de su propia sustancia. En esta vacuidad, el sufrimiento no existe en sí mismo, por lo que todavía hay más motivos para erradicarlo.

De hecho, en uno de los textos más célebres de esta tradición, el *Sûtra del Corazón*, se ponen en cuestión estas Cuatro Nobles Verdades. En el texto, el *bodhisattva* Avalokiteshvara le explica al *arhat* Shariputra que en la realidad última, o la vacuidad, todas las cosas están vacías de su propia naturaleza, empezando por el yo. En consecuencia, tampoco hay ni ignorancia ni extinción de la ignorancia; ni vejez o muerte, ni fin de la vejez o de la muerte. Lo que equivale a decir que, en la vacuidad, las Cuatro Verdades ya no son válidas: no hay sufrimiento, ni origen del sufrimiento, ni extinción del sufrimiento, ni camino para extinguir el sufrimiento.

Lo que el texto quiere poner en cuestión, en nombre de una verdad superior, es la existencia misma del budismo Hînayâna. Del mismo modo, Nâgârjuna, el gran pensador del Mahâyâna, afirma probar la naturaleza ilusoria de la retribución kármica, la transmigración (*samsâra*), el sufrimiento y la liberación. No considera las Cuatro Verdades como verdades nobles, sino más bien como medias verdades que son insuficientes y que hay que superar mediante su método dialéctico. Sin embargo, siguen siendo indispensables como un enfoque preliminar, al igual que la verdad convencional resulta indispensable para alcanzar la verdad última. Porque, añade: «La vacuidad, cuando se malinterpreta, destruye a aquellos cuya inteligencia es mediocre, al igual que al agarrar mal una serpiente o al hacer mal un truco de magia».

Así pues, vemos como en el Mahâyâna se produce un cambio radical del ideal que se quiere alcanzar: el objetivo último ya no es el *nirvâna*, que ahora se considera como demasiado negativo e individualista; en su lugar, es el Despertar o *bodhi* el que permite a los *bodhisattvas* "dejar el mundo" y, al mismo tiempo, seguir en él y obrar con compasión por la liberación de todos los seres.

Este Despertar es posible porque todos los seres poseen la naturaleza búdica. Llegamos así a la concepción del "Despertar innato" (en japonés *hongaku*), según el cual todos los seres son perfectos y puros por esencia y, por lo tanto, la purificación es inútil o incluso dañina. De hecho, la purificación contribuye a la ilusión y, por ello, al sufrimiento, mientras que lo único que importa es disipar esta ilusión de una vez por todas.

Esta ilusión es el resultado del pensamiento dualista. En cambio, el pensamiento no dualista del budismo Mahâyâna niega cualquier dualidad entre el *samsâra* y el *nirvâna* o entre las aflicciones y el Despertar. En el Hînayâna, el *nirvâna* se define como lo contrario del *samsâra*, mientras que en el Mahâyâna se identifica con el *samsâra*. Según el segundo punto de vista, este mundo sólo es un "valle de lágrimas" en apariencia, en realidad es el *nirvâna* perfecto. Del mismo modo, la distinción entre las personas comunes y los buddhas ya no está tan clara. Todos los seres ya son buddhas, no sólo en potencia, sino de hecho.

Esta concepción, al afirmar la realidad cotidiana, se opone a la negación del mundo característica del budismo primigenio. En el plano iconográfico, se traduce por la oposición entre el Buddha indio, escuálido y sombrío,* y el popular "Buddha feliz" del budismo chino, obeso y radiante. Evidentemente, este contraste no es tan marcado en la práctica, aunque las dos imágenes revelan un cambio significativo de la concepción de la persona y el mundo en el Mahâyâna, comparado con la concepción del Hînayâna.

El desarrollo del budismo tántrico subió todavía un peldaño más. De hecho, esta tradición, fuertemente influenciada por el yoga indio, acabó sacralizando el cuerpo humano y revaluando el deseo. La persona, al igual que todas las cosas, emana de un principio divino, un Buddha cósmico, por lo que solo debe regresar a él. La naturaleza ya no se ve como un mundo ilusorio que hay que rechazar a toda costa, sino como el mundo de la realización, el río de la felicidad en cuyas aguas se bañan todos los seres. En lugar de partir de la ilusión y el sufrimiento, que se tienen erróneamente por reales, basta con partir del Despertar, que es nuestra fuente, para que el sufri-

* Se trata de la estatua en la que se representa la vida ascética de Siddhârtha anterior a su Despertar y en la que se le marcan las costillas (*stûpa* de Sikri, Gandhara, siglos. III-IV n.e. Museo de Lahore). *(N. del T.)*

miento pierda toda su consistencia, toda realidad ontológica. Esta concepción está lejos de la visión ascética del budismo y las Cuatro Nobles Verdades, que continúan siendo citadas como para tener buena conciencia.

La creencia en el karma conduce al fatalismo

«Las experiencias cotidianas nos familiarizan con los hechos que agrupamos bajo el nombre de herencia [...].
Los filósofos indios llaman karma al carácter definido de este modo.
Es este karma el que pasa de una vida a otra
y las conecta en la cadena de la transmigración.»

ALDOUS HUXLEY, 1894-1953

La palabra *karma* es una de las pocas palabras sánscritas que han entrado en el lenguaje común. Según el diccionario francés *Petit Robert* significa "acto", y designa «el dogma central de la religión hindú según el cual toda acción, toda intención, está inscrita en el destino de los seres vivos (una especie de predestinación)».* Según

* En la vigésima segunda edición del *Diccionario de la Real Academia Española*

esta visión, el budismo habría tomado prestado uno de sus conceptos centrales del hinduismo, modificándolo en cierta medida a lo largo del tiempo.

El karma en el budismo es la ley de la retribución de los actos. Toda acción se considera como una causa que produce un efecto: dada una causa, el efecto seguirá de forma irremediable. Sin embargo, es la intención lo que determina el acto, por lo que cada uno es responsable de sus actos y todo acto presente viene determinado a su vez por una larga serie de actos pasados. Es esto lo que da a la concepción de karma un aire de fatalismo. Sin embargo, la acción nunca está totalmente determinada, siempre hay un elemento de libre albedrío. El individuo siempre afronta una elección que tendrá buenas o malas consecuencias. Nunca nada está completamente determinado.

En los textos budistas más antiguos, se presenta la retribución kármica como algo inevitable y eminentemente individual. El individuo afronta sus acciones en solitario y, haga lo que haga, no puede escapar a sus consecuencias. Es el karma en particular lo que explica la necesidad del renacimiento: el peso de las propias acciones constituye el destino de una persona y afecta su renacimiento en uno de los seis destinos (*gati*).

En el *Samyutta-nikâya*, el Buddha afirma: «La muerte de

---

la palabra *karma* se define como: «(Del sánscr. *karma*, hecho, acción). 1. m. En algunas religiones de la India, energía derivada de los actos que condiciona cada una de las sucesivas reencarnaciones, hasta que se alcanza la perfección. 2. m. En otras creencias, fuerza espiritual». *(N. del T.)*

una madre o una hermana, la muerte de un padre, un hijo, una hija, la pérdida de familiares, de posesiones, todo esto habéis experimentado a través de los tiempos. El *samsâra* no tiene ni comienzo ni final [...]. Por lo que después de largo tiempo habéis sufrido dolor, desdicha y habéis alimentado la tierra de los cementerios. Realmente durante suficiente tiempo como para acabar cansados de la existencia, durante suficiente tiempo como para querer escapar de todo esto».

El principio de la retribución kármica es claro: las acciones persiguen a los seres humanos de forma inevitable y les atrapan tarde o temprano, «igual que el ternero encuentra a su madre en un rebaño de mil vacas». Sin embargo, los mecanismos del karma son algo complicados. A primera vista, el karma parece comportar cierto grado de fatalismo, dado que la inercia psíquica lleva a unos a la perdición y a otros al gozo divino. De todos modos, la estructura del sistema garantiza que siempre quede cierto grado de karma que, tarde o temprano, conduzca de nuevo a la condición humana (percibida como el centro de gravedad del sistema). Con el tiempo, el sufrimiento conduce a los seres a alejarse del mal, mientras que demasiado placer hace que sucumban a sus tentaciones.

Los seres vivos van de una existencia a otra y su condición viene determinada por los méritos o las faltas de sus acciones y no, como se afirma en el brahmanismo, por el sacrificio y el ritual en general. En efecto, el budismo primigenio se centra en el valor moral de la acción y rechaza el ritualismo y la veneración de dioses. Cada individuo es responsable de sus acciones y nadie puede hacer nada para ayudar a los demás. Pero esta concepción tan austera sufrió cambios decisivos con la aparición de la teoría de la transferencia de méritos, que se convertiría en una importante característica del budismo Mahâyâna, donde aquellos que han acumulado un excedente de méritos pueden compartirlos con otras personas menos perfectas. Esta concepción subyace a la veneración de los *bodhisattvas*, seres compasivos que demoran su entrada en el *nirvâna* para liberar a los demás.

Sin embargo, la piedra angular del sistema, la concepción de la liberación, se encuentra fuera de la lógica de la retribución. La liberación no se consigue solo con el mérito, sino que comporta el abandono radical de todos los actos, tanto religiosos como profanos. Según este punto de vista, el *samsâra* y el *nirvâna*, la vida, la muerte y la inmortalidad, no son más que nociones falsas. Esta visión de la verdad última se resume en el *Hridaya sûtra*, el paradigma de la doctrina Mahâyâna.

La doctrina budista relativa a la ausencia de un alma o un yo hace de la transmigración algo paradójico: ¿qué es lo que transmigra si el yo no es más que una serie ilusoria de estados de conciencia que desaparecen al morir? ¿De qué sirve practicar y acumular méritos si este yo no recogerá la recompensa? Evidentemente, esta concepción va en contra de la concepción de la retribución kármica. Para rectificar este hecho, se desarrolló la concepción de un "ser intermedio", una especie de conciencia personal en la confluencia de dos vidas. De todos modos, la solución ortodoxa consistía en afirmar que, aunque hay acciones, no hay ningún agente o sujeto, ninguna entidad permanente que esté detrás.

Esta visión de la vida después de la muerte fue, sin duda, uno de los principales factores de su éxito en las sociedades asiáticas. En el budismo primigenio, la retribución de los actos se concebía como un proceso casi automático que podía afectar a una persona durante su vida, así como determinar sus renacimientos posteriores. Pero esta teoría fue objeto de importantes modificaciones como parte del desarrollo general de la doctrina budista. La idea de base es que las personas pueden influir en sus destinos gracias a su esfuerzo y los actos que cometen durante su vida humana. En efecto, la retribución de los actos siguió siendo uno de los elementos clave del sistema, pero posteriormente el individuo dejó de ser el único responsable. Los demás también podían utilizar los méritos que habían acumulado para beneficiar a un difunto, de ahí la creciente importancia de rituales para generar beneficios que pudiesen transferirse fácilmente a otra persona. Este es el caso en particular de los rituales funerarios que permiten asignar al difunto méritos que este no fue capaz de acumular durante su vida en el mundo, asegurando así su liberación definitiva, su entrada en un paraíso o, simplemente, un mejor renacimiento.

En el budismo tibetano, el difunto debe errar por el mundo intermedio (*bardo*) durante cierto tiempo antes de renacer. El famoso *Libro de los muertos tibetano*, que se lee a los difuntos en su lecho de muerte para guiarles durante este viaje y explicarles los peligros y tentaciones que encontrarán en el camino, pretende asegurar el mejor renacimiento posible para el difunto. En el caso del budismo chino, la concepción de la vida después de la muerte sufrió un desarrollo significativo con la teoría de los diez reyes del infierno y, en particular, la corte del rey Yama, donde los difuntos son juzgados en función de sus acciones pasadas y tienen que pasar por una especie de purgatorio antes de poder renacer. Los rituales funerarios que llevan a cabo los descendientes en nombre del difunto desempeñan un papel crucial en este estadio ya que pueden influir en el juicio. Estos rituales conducen al difunto hacia su próximo renacimiento durante un período de siete semanas en el que vaga entre los dos mundos.

En el budismo Mahâyâna en particular, la liberación también puede obtenerse mediante la intercesión de *bodhisattvas* que han acumulado múltiples méritos durante sus vidas. Se dice que la intercesión de Avalokiteshvara (conocido como Guanyin en chino y Kannon en japonés) y Kshitigarbha (Dizang en chino, Jizô en japonés) es especialmente efectiva.

Algunos buddhas también pueden proporcionar la liberación, como Amitâbha, quien antes de alcanzar el Despertar, prometió liberar a todos los seres que le invocaran. Finalmente, en ciertas escuelas del budismo, la retribución kármica se ve socavada por la concepción de la eficacia del ritual o por ciertas prácticas como la meditación. En la escuela Zen, por ejemplo, a menudo encontramos relatos de conversiones en los que un espíritu demoníaco, convertido por las enseñanzas de un maestro Zen, comprende súbitamente la verdad de la vacuidad y consigue así escapar a su mal karma.

El budismo indio concebía la liberación al final de muchos renacimientos durante los cuales las personas acumularían gradualmente los méritos necesarios para renacer en una forma humana, en un primer lugar, y entonces convertirse al budismo para progresar hacia dicho objetivo. Pero el budismo chino y japonés llegó a afirmar que el Despertar o la liberación es posible en esta misma vida y que todo el mundo puede «llegar a ser un buddha en este mismo cuerpo».

Otra idea que se desarrolló en el budismo Mahâyâna con la concepción de la vacuidad es que las malas acciones están vacías y carecen de realidad. En otras palabras, que todo karma es nulo y vacío. Todo cuanto es necesario es comprender su verdadera naturaleza, su inexistencia fundamental, para librarse de todos los obscurecimientos. «A nivel absoluto el karma está vacío.» El problema es que las personas viven a nivel relativo y aquí el karma es real. En este sentido, la tradición nos advierte de los peligros y las desviaciones que puede causar la concepción de un karma vacío y, de hecho, esta concepción fue acusada de legitimar la transgresión de la ética tradicional en nombre de prácticas que supuestamente trascienden el bien y el mal.

Asimismo, a veces se ha acusado al budismo, en concreto durante el período colonial, de promover el inmovilismo social o el estancamiento económico. De hecho, la concepción del karma puede tener efectos secundarios a nivel social. En Japón, por ejemplo, se ha utilizado para justificar la discriminación social en contra de ciertos grupos de personas antiguamente conocidos como *eta* ("impuros") y hoy en día conocidos como *burakumin* ("gente de pueblo"). Pero la concepción de la retribución kármica ha contribuido de manera amplia a dar una dimensión ética a la vida en sociedad y a alentar a las personas a mejorar su nivel social. El karma lleva a todo, incluso al Despertar (siempre y cuando uno pueda ponerle fin).

El budismo niega la existencia del yo

«El budismo destaca en la historia del pensamiento humano por ser el único en negar la existencia de un [...] alma, de un yo o del *âtman*.»
WALPOLA RAHULA, *Lo que el Buddha enseñó*, 1961

La negación del yo, el ego o el alma individual (*anâtman*) es la piedra angular o tal vez el escollo de la doctrina budista. En efecto, puede parecer una paradoja, dado que se trata de una religión que afirma fundamentarse en la liberación individual. En un número especial de la revista *Le Nouvel Observateur* sobre el budismo, Frédéric Lenoir apuntaba que «la inmensa mayoría de las personas afines al budismo afirman encontrar en él la forma de desarrollar su potencial individual. La aparición de esta cuestión es una idea ultraoccidental».

De todas las doctrinas del budismo canónico, sin duda alguna, la de *anâtman* es la que ha hecho correr más ríos de tinta, puesto que parece ir en contra del sentido común. En cualquier caso, es esta doctrina la que, a ojos de la mayoría de los estudiosos, constituye el signo más visible de la originalidad del budismo en relación con las demás religiones. Sin embargo, deberíamos preguntarnos sobre el significado y el alcance de esta doctrina situándola en su contexto inicial, así como en su evolución posterior.

Según el escolasticismo budista, el yo no es más que el resultado de procesos físicos y mentales, una especie de "construcción mental" que carece de realidad última. Así pues, el Despertar consiste en tomar consciencia de este carácter ilusorio del yo. Como dice el monje Nâgasena (siglo II a.n.e.) en su famosa apología: «Al igual que cuando se juntan determinados elementos de madera, hablamos de un carro; del mismo modo, cuando están presentes los cinco componentes físicos y mentales, hablamos del "yo"». Estos cinco grupos o "agregados" (*skandha*) son temporales y, por lo tanto, contribuyen a la temporalidad del yo. Se trata de la forma (o materia, *rûpa*), las sensaciones (*vedanâ*), las percepciones (*samjñâ*), las formaciones mentales (*samskâra*) y la conciencia (*vijñâna*).

El filósofo francés Blaise Pascal parecía budista cuando decía que el yo es deleznable o cuando demostró la imposibilidad de localizar el yo en ningún lugar concreto del cuerpo. En la actualidad, a la luz de los recientes descubrimientos científicos en neurología, sabemos que el yo no es más que el resultado de un grupo de estructuras mentales o neurológicas y que un tumor cerebral o la degeneración de las células son suficientes para causar un efecto profundo en el yo. De forma similar, la investigación psicoanalítica en la mente subconsciente ha dado un vuelco a la concepción cartesiana de un yo independiente y racional. En este sentido al menos, la psicología budista parece ser compatible con el pensamiento moderno. Sin embargo, la negación del yo no tiene el mismo significado en una sociedad individualista como es la occidental que en una sociedad tradicional como era la India en tiempos del Buddha, donde el individuo, tal como entendemos nosotros el término, era la excepción y no la norma.

Si lo situamos en su contexto indio original, la concepción budista de *anâtman* se opone a la creencia hindú de la existencia del *âtman* o yo en cada persona y quizás se trate, en primer lugar, de una afirmación de originalidad doctrinal, una especie de intento de superar a la religión dominante. De hecho, el *âtman* hindú, una brizna del absoluto o Brahman en cada individuo, es distinto del *âtman* personal que niega el budismo. Los seres vivos pueden morir, pero esta esencia divina en ellos no muere, sino que transmigra de vida en vida mientras no regresa a su fuente.

¿Cómo podemos seguir diciendo que el budismo es una religión de liberación individual si el individuo (o yo) no existe? ¿O si los practicantes *bodhisattvas*, al mismo tiempo que rechazan la distinción dualista entre el yo y los demás, se comprometen a liberar a todos los seres antes que a sí mismos?

La posición budista sobre esta cuestión era claramente más

compleja que lo que parece indicar la doctrina de la ausencia del yo. Además, la concepción del yo debía mantener un cierto grado de realidad si se quería preservar la concepción de la retribución de los actos o karma sobre la que reposaba toda la doctrina ética budista. Puesto que si no hay nadie para pagar los platos rotos, ¿cómo disuadir entonces a alguien de romperlos? Así pues, las nociones de "yo" (*âtman*) y de "persona" (*purusha*) siguieron siendo válidas en el plano de la verdad convencional, incluso si en principio se negaba su realidad en el plano de la verdad última. A pesar de cuántas veces oigamos que el yo está vacío, no por ello es menos real cuando se trata de las creencias y las prácticas cotidianas.

Al poner el acento en el aspecto de la responsabilidad ética, el budismo primigenio privilegió la individualidad de sus seguidores, puesto que la misma concepción de responsabilidad implica un sujeto responsable de sus actos. El yo es, entre otras cosas, una ficción jurídica, pero es una ficción necesaria para la vida en sociedad. Toda la disciplina ética budista, fundamentada en la confesión y el arrepentimiento, puede verse como un método culpabilizador, es decir individualizador. Este método, en la práctica, parece negar la teoría de *anâtman* que, tomada al pie de la letra, equivale a negar toda responsabilidad individual o incluso todo progreso espiritual o liberación. De este modo, llegamos a la paradoja de que hay un camino, pero nadie que lo recorra.

Además, el hecho de no hallar un yo sustancial y permanente entre los cinco componentes físicos y mentales constitutivos de la personalidad no impide buscar un yo aparte de estos componentes más allá de la conciencia ordinaria. Por este motivo a veces la introspección budista se define a sí misma como una búsqueda del yo verdadero, que ya no se trata del estrecho ego, sino de una realidad superior, por ejemplo la naturaleza búdica. A veces, el interés que muestran varias escuelas del Mahâyâna por nociones como "mente pura" y "conciencia receptáculo" se critica, de forma justificada, como un retorno a la creencia en una esencia del mismo tipo que el *âtman* del brahmanismo. Sin embargo, hay que recordar que el sujeto en cuestión ya no se trata del ego superficial, sino del yo real, el soñador que finalmente despierta de su largo sueño.

El énfasis que la mayoría de especialistas han puesto en la doctrina ortodoxa de *anâtman* de nuevo refleja una visión elitista o incluso ideológica del budismo: de hecho, es evidente que la mayoría de los seguidores del budismo predominante creen en la existencia de un yo y que su práctica religiosa se fundamenta justo en esta creencia. La concepción supuestamente "ortodoxa" o más bien monástica de la inexistencia del yo no da cumplida cuenta de la complejidad de la tradición budista y la diversidad de sus respuestas a la seria cuestión de la subjetividad.

El budismo predica la reencarnación

«Todo parece indicar que su pequeño Jesse es la reencarnación del venerable lama Dorje…»

GORDON MACGILL, *El pequeño Buddha*, 1994

Durante mucho tiempo, la cuestión de la reencarnación de los lamas tibetanos ha fascinado a los occidentales. Siempre ocupa un lugar central en cualquier conversación sobre la naturaleza racional o irracional del budismo. Este hecho también explica el atractivo de películas como *El pequeño Buddha*.

La película de Bertolucci entrecruza dos historias: la historia del Buddha y la de un niño que vive en Seattle con sus padres a finales del siglo XX y que dos monjes tibetanos en el exilio identifican como la reencarnación de uno de sus prominentes lamas. El espectador tiene claramente la impresión de que es el mismo protagonista quien se reencarna de vida en vida, desde la India antigua hasta la América moderna, como si la doctrina tibetana de la reencarnación hubiese descendido directamente de las enseñanzas del Buddha.

Sin embargo, es necesario distinguir entre este tipo de reencarnación tibetana de la doctrina budista de la transmigración, que es una mera consecuencia de la doctrina del karma. En efecto, la transmigración consiste en el paso de cualquier ser vivo de una existencia a otra en función de su karma, mientras que la reencarnación tibetana implica el renacimiento de una persona carismática: ciertas personas pueden elegir la forma en la que desean reaparecer para proseguir su misión.

Presentar una institución tardía y exclusivamente tibetana como perteneciente a la ortodoxia budista supone una desviación excesiva. En efecto, esta concepción no aparece hasta finales del siglo XII en la escuela Karma Kagyu cuando un gran lama de esta escuela, Dusum Khyenpa (1110-1193), el primer Gyelwa Karmapa, tuvo la idea de predecir su propio renacimiento. Esta noción presentaba la ventaja de mantener vivo el prestigio de un maestro carismático en el seno de su escuela incluso después de su muerte, y la idea se propagó a las demás escuelas tan rápido como un reguero de pólvora, especialmente en la escuela Guelug, que la utilizaría posteriormente para establecer el linaje de los Dalai Lamas.

El fenómeno de las reencarnaciones debe situarse en su contexto cultural, es decir, la cultura tibetana. En efecto, hasta hace muy poco estaba limitado al Tíbet y sus reinos vecinos (Bhután, Sikkim, Ladakh, Mongolia) y no ha tenido prácticamente ningún papel en el budismo indio, ni en las demás formas de budismo indianizadas (sudeste asiático) o sinizadas (China, Vietnam, Corea y Japón).

Posteriormente, el área geográfica de las reencarnaciones se extendió de manera progresiva del Tíbet a Mongolia. De este modo, cuando murió el III Dalai Lama (el primero en recibir este título por parte del emperador mongol Altan Khan), su reencarnación, el IV Dalai Lama, fue descubierta en Mongolia en el cuerpo de un niño que, por una feliz coincidencia, resultó ser el bisnieto del propio Altan Khan. Más recientemente, siguiendo el exilio tibetano, ha empezado a extenderse por Europa y Estados Unidos (como muestra precisamente *El pequeño Buddha*). Como señala el lama tibetano Dagyab Rinpoché (nacido en 1940): «¡El número de lamas en el exilio ha aumentado como la inflación!». Sin embargo, todavía no se ha encontrado ningún lama reencarnado entre los afroamericanos o americanos latinos, por no decir entre los chinos comunistas. Sin detenernos demasiado en los criterios étnicos para el Despertar, el carácter manifiestamente político de ciertas reencarnaciones sin duda pone en entredicho la validez de la institución. En este sentido, los medios de comunicación se han hecho eco de la rivalidad que opone a chinos y tibetanos en torno a la reencarnación del Panchen Lama (la otra gran autoridad espiritual en el budismo tibetano, junto a los Dalai Lamas), o incluso la del XVI Karmapa.

La cuestión se complica todavía más cuando resulta que no solo un lama se reencarna como tal en otra persona, sino que su cuerpo, su principio verbal y su mente pueden reencarnarse por separado, en el seno de un mismo linaje o no, simultáneamente o en épocas distintas.

El sistema de la reencarnación ha existido en el Tíbet durante siglos y sus beneficios se dice que nunca han sido cuestionados, ni por los tibetanos ni por los occidentales. Por su lado, los chinos tampoco han puesto en cuestión estos beneficios y han sabido dirigir el carisma de ciertos lamas en su favor. En cambio, podemos preguntarnos qué opinan los demás budistas de un sistema de este tipo, puesto que no han considerado adecuado, a pesar de sus ventajas, convertirlo en objeto de fe. Esta apropiación política no es nada nuevo, puesto que fue precisamente la concepción de la reencarnación la que permitió a la escuela Guelug apoderarse de los principales monasterios de las demás escuelas y permitió a su líder, el V Dalai Lama, convertirse en una especie de rey divino del Tíbet con la bendición de los mongoles. Sin embargo, esta institución tiene sus inconvenientes: desde su creación, la sucesión de los Dalai Lamas no ha sido más que una larga serie de intrigas de monasterio y de palacio. Durante el lapso de tiempo que va desde el descubrimiento de una nueva reencarnación hasta la madurez del nuevo Dalai Lama, el gobierno tibetano quedaba en manos de un regente que a menudo buscaba el modo de mantenerse en el poder. Fue así como a lo largo de los siglos XVIII y XIX cuatro Dalai Lamas murieron antes de acceder al trono, algunos en circunstancias misteriosas. Afortunadamente, esta situación terminó con el XIII Dalai Lama.

El actual XIV Dalai Lama es más que la reencarnación de su predecesor, también es en principio una de las múltiples manifestaciones de Avalokiteshvara, uno de los grandes *bodhisattvas* del Mahâyâna y el progenitor mítico del pueblo tibetano. En este sentido, cuando se le preguntó por qué motivo Avalokiteshvara había elegido manifestarse con una forma masculina en el Tíbet, perdiendo así una buena oportunidad de promover la causa femenina, el Dalai Lama respondió que fue para no chocar de frente con los prejuicios tibetanos, que seguían apegados a la primacía masculina. La respuesta es algo sorprendente, puesto que es sabido que otras grandes divinidades del budismo tibetano son femeninas (como, por ejemplo, Târâ) y que, además, en China o Japón (dos países que no brillan precisamente por su feminismo) este mismo *bodhisattva* (conocido como Guanyin en chino y Kannon en japonés) tiene una forma femenina.

Por otra parte, quizás le haya llegado la hora a este sistema. En un momento en el que el régimen chino comunista se apresura a descubrir lamas reencarnados entre sus filas, para los tibetanos las desventajas empiezan a ser mayores que las ventajas. Quizás sea con este trasfondo que debamos interpretar la intención, expresada por el actual Dalai Lama, de no reencarnarse más.

El sistema de la reencarnación también ha desempeñado un papel importante en la historia de Bhután, un reino fronterizo con el Tíbet. Bhután se convirtió en una unidad política independiente en el siglo XVII gracias a Ngawang Namgyel, un monje tibetano que se refugió en sus tierras cuando el príncipe de Tsang rehusó reconocerlo como la reencarnación legítima de un maestro de la escuela Drugpa Kagyu. Como cabeza de los Drugpa Kagyu bhutaneses, se nombró a sí mismo primer soberano (*shabdrung*) de Bhután, después de resistir los ataques del Tíbet. Según la leyenda, cuando murió en 1705, emanaron de su cuerpo tres rayos de luz, correspondientes a tres linajes de reencarnación: el correspondiente a su cuerpo, el de su principio verbal y el de su mente. Estos distintos linajes de reencarnación llevaron a disputas continuas sobre la sucesión. El linaje del cuerpo se extinguió con rapidez, el linaje del principio verbal se extinguió en 1918 y el linaje de la mente, el más noble de todos, consiguió imponerse de manera satisfactoria en 1734, permitiendo un cierto grado de estabilidad política. Finalmente, acabó por extinguirse con la muerte del sexto y último *shabdrung* en 1931.

Parte II

El budismo y las culturas locales

El budismo es una religión atea

«[El Buddha] se enorgulleció de ser un ser humano y no ser nada más que esto. De hecho, degradó a los dioses colocándolos por debajo de los hombres, al nivel de los seres vivos.»

GIUSEPPE TUCCI, *Présence du Bouddhisme*, 1987

Suele afirmarse que el budismo se desentiende de Dios, por no hablar de los dioses. En efecto, el budismo primigenio no reconoce ningún dios creador o demiurgo, como es el caso en el hinduismo o en las religiones monoteístas occidentales. Según el budismo, el universo se rige por una ley impersonal, el *Dharma*. Sin embargo, la situación cambió con el desarrollo de la tradición Mahâyâna: sus numerosos buddhas y *bodhisattvas* permiten hablar de un auténtico panteón de divinidades, cada una con distintas virtudes y funciones. Si llevamos esta idea un paso más allá, con Mahâvairochana (El Iluminador, en sánscrito; Gran Sol o Dainichi en japonés), el buddha cósmico del Mahâyâna definido como el principio soberano de todas las cosas, no estamos muy lejos del concepto de un Dios personal. Igualmente, en la escuela de la Tierra Pura, el Buddha Amitâbha (más conocido bajo su nombre japonés de Amida) actúa como un salvador, puesto que ha prometido conducir a todos los seres humanos que le invoquen con fervor hasta su Tierra Pura del oeste, una especie de paraíso budista, donde jamás podrán caer de nuevo a los mundos inferiores.

Como señala el budólogo francés André Bareau, «En tanto que hijos de la India, el Buddha y sus discípulos compartían todas las ideas de sus compatriotas [...] sobre la existencia de numerosos dioses y espíritus pobladores del cielo y la tierra» (*Le bouddhisme indien*, 1966). Y, sin embargo, Matthieu Ricard, en *El monje y el filósofo*, sostiene que el budismo no es un politeísmo y que las representaciones de divinidades en la religión tibetana no tienen nada que ver con "dioses" en tanto que entidades que lleven algún tipo de existencia autónoma. Por el contrario, se trata de «arquetipos del conocimiento, la compasión, el altruismo, etc., que son objetos de meditación que permiten, mediante técnicas de visualización, actualizar en nosotros estas cualidades». Sin embargo, este punto de vista solo es representativo de una élite intelectual (y a menudo occidentalizada). Al mismo tiempo, el propio Dalai Lama declara tomar todas sus decisiones importantes consultando a su oráculo personal, que, en estado de trance, es poseído por una de estas divinidades terroríficas del budismo tibetano.

Aunque, en teoría, se afirme que estas divinidades no son más que símbolos, en la práctica se toman muy en serio. Los budistas tibetanos podrían decir de sus dioses y demonios lo que la marquesa de Deffand, en vísperas de la Revolución Francesa, decía de los fantasmas: «No creo en ellos, pero me dan miedo». Evidentemente, esto no es algo de lo que se jacten los lamas tibetanos ante sus discípulos occidentales, puesto que son conscientes de que estos, educados en una cultura racionalista, son más bien desdeñosos hacia algo que consideran una "superstición".

Este mismo doble lenguaje también se encuentra en el budismo japonés. En este sentido, Keizan Jôkin (1268-1325), maestro Zen de la escuela Sôtô, al mismo tiempo que afirmaba a quien le escuchara que un patriarca Zen no obedece «ni a un dios (y menos aún a Dios) ni a un maestro», nos explica que a menudo tenía visiones de divinidades en sueños y que seguía escrupulosamente sus indicaciones. De hecho, Keizan no es un caso aislado, sino que en este aspecto es totalmente representativo de los monjes del Japón medieval.

En efecto, el budismo japonés distingue entre dioses puramente "simbólicos" (que se conocen como "manifestaciones temporales," *gonsha* o *gongen*) y dioses o demonios "reales" (*jissha*). Mientras que los primeros no son más que hipóstasis de un principio superior, los segundos no pueden reducirse tan fácilmente a la vacuidad. A veces, persisten en sus malos modos y los monjes tienen que "liberarlos" ritualmente (un eufemismo para referirse a un asesinato ritual) para llamarlos al orden. Aunque en el mejor de los casos consiguen subyugarlos, es decir convertirlos en "protectores" del budismo.

El budismo tibetano, por su parte, también reconoce la diferencia entre el símbolo y la realidad cuando distingue entre los *yidam*, divinidades de elección que el practicante visualiza durante la práctica meditativa, y los *chokyong* o "protectores del *Dharma*", divinidades amenazantes que, una vez apaciguadas por el practicante, le protegen de las fuerzas del mal.

Mientras unos ven al Buddha "histórico" simplemente como el fundador de un budismo decididamente ateo, para la mayoría de budistas se trata de la figura principal de un vasto panteón cosmopolita y, como tal, es un importante objeto de veneración. Entonces, ¿el budismo es ateo, monoteísta o politeísta? Examinemos esta cuestión con mayor detalle.

Los dioses fueron los primeros habitantes del cosmos budista, sus soberanos, antes de ser expulsados y, en ciertos casos, reincorporados (en un nivel subordinado) por el Buddha y sus seguidores. Según la ortodoxia, incluso si el budismo reconoce la existencia de dioses locales, estos se distinguen del Buddha y los maestros budistas en que están sujetos a la ley de la causa y el efecto. Su condición divina es el resultado de su buen karma y solo es temporal. Durante cierto tiempo poseen poderes sobrehumanos, pero de ningún modo son totalmente libres ni omnipotentes, como creen los hindúes por ejemplo. Al mismo tiempo, están en desventaja respecto a los seres humanos, puesto que están demasiado ocupados disfrutando de sus vidas de gozo divino, que creen eternas, y descuidan la realidad del karma y no piensan en practicar la doctrina budista que podría salvarlos.

Además, en el Mahâyâna los dioses acaban perdiendo (al menos en teoría) la poca realidad e independencia que les quedaba y pasan a considerarse meras proyecciones de la mente humana, ilusiones causadas por nuestro karma o entidades abstractas creadas por nuestra mente. A menudo, también se perciben como manifestaciones determinadas por la cultura local de los distintos buddhas y *bodhisattvas*. Sin embargo, en la práctica, la mayoría de los budistas todavía creen en ellos sin ponerlos en duda.

En general, cuanto más asciende un dios en la jerarquía celestial, menos contacto directo tiene con los seres humanos. Por supuesto, existen importantes excepciones a esto, como es el caso de ciertos grandes *bodhisattvas* que son al mismo tiempo perfectos y cercanos. Sin embargo, debido a este bajo rango de los dioses que están sujetos a la ley de la causalidad, como nosotros, al mismo tiempo también resultan ser más accesibles. Así, son objeto de rituales que se efectúan en su nombre y a cambio protegen a la gente. Los dioses también pueden beneficiarse de las enseñanzas de los maestros budistas y gracias a ellas alcanzar el Despertar.

Entonces, ¿quiénes son estos dioses budistas? Paradójicamente, puede decirse que el propio Buddha está por encima de ellos. Sin querer con ello dar demasiada credibilidad a la teoría hindú (en cierto modo polémica) de que el Buddha es tan solo el noveno avatar (reencarnación) del gran dios Vishnu, no puede negarse que varios aspectos de la imagen del Buddha son herencia de la imagen de los dioses hindúes. Los siete pasos que da el Buddha después de nacer para tomar posesión del universo, por ejemplo, guardan semejanza con los tres pasos que da uno de los avatares de Vishnu para conquistar el Triple Mundo. Según el maestro japonés Nichiren (1222-1282), «Shâkyamuni [el Buddha] es el señor, la madre y el padre, el maestro original de todos los seres de este mundo».

Dotado de las treinta y dos marcas de los buddhas, de hecho Shâkyamuni recibe el trato de un dios. Así, textos del Mahâyâna como el *Sûtra del Loto* le describen como un ser eterno, omnisciente y trascendente, cuya vulnerabilidad humana es una mera estratagema piadosa. Esta concepción supramundana del Buddha originó la aparición de una serie de buddhas metafísicos como el Buddha Amitâbha, el buddha que preside la Tierra Pura del oeste y uno de los cinco *dhyâni* buddhas que corresponden a las cinco direcciones del mandala (cuatro buddhas situados en los cuatro puntos cardinales y Shâkyamuni en el centro, que posteriormente será reemplazado por Vairochana). En el budismo esotérico en particular, el buddha cósmico Vairochana, a semejanza del Sol, se concibe como el principio de todas las cosas.

Después de los buddhas vienen los *bodhisattvas*, que se consideran o bien futuros buddhas, o bien emanaciones de los distintos buddhas. El primer caso lo ejemplifica Maitreya, el "futuro Buddha", de quien se dice que aguarda en el cielo de Tushita el momento (lejano para nosotros, pero cercano para él) propicio para aparecer en nuestro mundo, dentro de varios millones de años. A diferencia del mesías cristiano, Maitreya no aparecerá al final del mundo, sino que representará el comienzo de una nueva era dorada después de que nuestro mundo se haya renovado a sí mismo.

Pero, sin duda alguna, el *bodhisattva* más popular es Avalokiteshvara (Guanyin en chino, Kannon en japonés), el *bodhisattva* de la compasión que a menudo se representa con rasgos femeninos y maternales. Algunos textos afirman que Avalokiteshvara es simplemente la manifestación del buddha Amitâbha, aunque en la devoción popular ha adquirido una personalidad propia. Otro *bodhisattva* de gran importancia en China y Japón es Kshitigarbha (Dizang en chino, Jizô en japonés), representado como un joven monje de aspecto afable. En el budismo popular, guía las "almas" de los muertos en la encrucijada de los seis destinos e intercede en su favor ante los jueces de los infiernos. Como resultado, ha acabado siendo conocido más en concreto como el protector de los niños muertos.

Otras figuras "divinas" puramente budistas incluyen los *arhats* (*luohan* en chino, *rakan* en japonés). Estos discípulos del Buddha "histórico" han acabado siendo considerados como personas extraordinarias en el budismo sinojaponés, con similitudes con la figura de los inmortales daoístas en ciertos aspectos. Los budistas los veneran de forma colectiva como dieciséis, dieciocho o quinientos *arhats*. El público occidental tuvo conocimiento de estos últimos gracias al misionero jesuita Matteo Ricci (1552-1610), quien se encontró con su representación poco después de llegar a China. Irónicamente, el propio Ricci sería más tarde divinizado entre los quinientos *arhats*. Aunque la mayoría de estos *arhats* no recibe un culto individual, uno de ellos se convirtió en un importante objeto de veneración: Pindola (Binzuru en japonés), a veces conocido como el "judío errante" del budismo.

A continuación, vienen una serie de divinidades locales incorporadas por el budismo después de adaptarse a las nuevas culturas que se fue encontrando por el camino. Entre ellas, están Indra y Brahmâ, dos divinidades principales del panteón indio que se convirtieron en protectores del budismo. En cambio, los otros grandes dioses indios, en concreto Shiva y Vishnu, son pasados por alto en silencio. A pesar de que la conversión de los dioses locales a la nueva religión se producía en la mayoría de los casos con suavidad, en ciertos casos requirió su sumisión mediante el uso de cierta violencia simbólica. El método de estas conversiones refleja la relación del budismo con las religiones locales. El hinduismo y el budismo han sido religiones rivales durante largo tiempo y en la mitología hindú el Buddha se reduce a un mero avatar de Vishnu, que apareció solo para engañar a los herejes (en referencia a los budistas) y llevarlos a la perdición.

La imagen de Shiva en unión sexual con su consorte (que simboliza su energía creadora) influyó de forma considerable en las representaciones del budismo tardío, especialmente en su forma tántrica. El hijo de Shiva, el dios Ganesha con cabeza de elefante, aparece como un dios doble y ambivalente en el esoterismo japonés que es a la vez bueno y malo. Se le representa como dos divinidades, masculina y femenina, respectivamente, de cuerpo humano y cabeza de elefante, de pie y en unión sexual. Esta divinidad con dos cuerpos, también conocida como "divinidad del gozo" (Kangiten), nunca ha sido reconocida como completamente ortodoxa, aunque gozó de considerable influencia en secreto en el Japón medieval.

Así pues, se puede decir que en el budismo coexisten dos tipos de creencias. La primera ve los dioses como una categoría de seres relacionados con el deseo y que deben su prosperidad temporal a su buen karma. No tienen ninguno de los poderes supremos que el hinduismo y otras religiones les atribuyen y, como todos los demás seres, están sujetos a los principios del deseo, el sufrimiento y la retribución kármica. Solo pueden aspirar a alcanzar la liberación mediante su conversión al budismo, al que deben prometer proteger. Por otro lado, la doctrina de la vacuidad que presenta el Mahâyâna afirma que los dioses solo existen a nivel de la verdad convencional. Cuando se trata de la verdad última, como todas las cosas, están vacíos y son irreales. El Buddha es el único ser real porque él es la vacuidad misma. Los practicantes más entendidos ven a los dioses como meros instrumentos prácticos para la enseñanza, mentiras piadosas que no hay que tomarse demasiado en serio. Así, en el budismo tántrico, los dioses, en tanto que proyecciones de distintas facultades espirituales, se visualizan en un primer momento para luego disolverse mentalmente.

Sin embargo, en raras ocasiones, existen casos de monjes que no consiguen superar el poder de ciertas divinidades locales o demonios obstinados, a pesar del arsenal de rituales y "poderes" sobrenaturales que han adquirido a través de su práctica ascética y contemplativa. Estos dioses y demonios locales suelen ser iguales: ciertas divinidades locales que rehúsan convertirse los budistas los convierten en demonios, al mismo tiempo que ciertos demonios se convierten en divinidades cuando, a regañadientes o a la fuerza, aceptan los preceptos budistas. Algunas leyendas muestran como, en raras ocasiones, el budismo debe aceptar su derrota. El mito de Gozu Tennô (el rey celestial con cabeza de toro), un dios o demonio japonés de las epidemias, es especialmente significativo a este respecto. Después de vengarse de un discípulo laico del Buddha que le negó hospitalidad, esta divinidad se enfrentó al propio Buddha, a quien acabó matando al infectarlo. Los maestros Yin Yang, rivales del budismo, contaban esta historia alrededor del siglo XIV, época en la que el naciente Shintô empezó a recuperar el terreno abandonado por los dioses japoneses, y demuestra como los budistas no podían simplemente ignorar a estos dioses o tratarlos con desdén.

El budismo puede describirse como una religión politeísta en el sentido de que reconoce la existencia relativa de numerosos dioses, que actúan como mediadores o incluso salvadores y que se convierten en objetos de veneración. Sin embargo, dado que el Buddha representa la realidad última, el budismo también puede describirse como monoteísta. Finalmente, puesto que el Buddha no es un dios en el sentido occidental de la palabra, sino que se considera como el primero en haber comprendido la realidad última (en el budismo primigenio) o como otro nombre para esta realidad última (en el budismo Mahâyâna), el budismo también puede considerarse, a lo sumo, como ateo. Resulta evidente que estas categorías rígidas no son apropiadas para describir este complejo fenómeno y sus flexibles creencias y prácticas.

El budismo es ante todo una espiritualidad

«El budismo es una religión de la interioridad.»
Le Nouvel Observateur, 2003

La visión del budismo como una espiritualidad es indudablemente lo que hace que nos resulte tan atractivo en el mundo actual. Esta concepción de la espiritualidad parece responder a las necesidades de muchos occidentales que ya no se identifican con la religión de sus padres, sin tampoco adherirse a una visión puramente materialista del mundo. Al mismo tiempo, esta concepción implica un cierta crítica del ritualismo, que se percibe como una cáscara vacía. Aunque las culturas occidentales sean en su mayoría de tradición cristiana, también es patente una cierta crítica a los rituales budistas tradicionales, que recuerda la crítica protestante al ritual católico (Lutero veía la misa como una mera forma de magia). Aquellos que se sienten atraídos por el budismo debido al creciente rechazo por lo que consideran rituales anticuados en el cristianismo y el judaísmo han adoptado la crítica protestante del ritualismo, sin tan siquiera ser conocedores de este último en algunos casos, en tanto que ha acabado formando parte de la mentalidad general.

Paradójicamente, el ritual persiste como fenómeno identitario en algunos practicantes budistas occidentales, en tanto que marca su adhesión a una religión no occidental. Algunos fieles, por ejemplo, recitan plegarias japonesas o tibetanas, sin entender una sola palabra, lo que sin duda rechazarían hacer si se tratara de recitar en latín en una iglesia. Aunque a veces intentan traducir estas plegarias para preservar, aunque no sea su forma, al menos su significado (si es que ambos son en realidad disociables), esto resulta difícil cuando la recitación contiene elementos que parecen carecer de significado, como son los mantras.

Sin embargo, para la inmensa mayoría de sus seguidores asiáticos, el budismo es en primer lugar una forma de ritual, donde sus ritos son de naturaleza apotropaica (destinados a alejar el mal) o mágica (destinados a proporcionar beneficios mundanos como la prosperidad, la salud, el prestigio y la riqueza). En efecto, este es el caso cuando se trata de la veneración de las reliquias del Buddha, una forma de culto que recordaba a Victor Segalen los aspectos más dudosos del catolicismo.

En un apartado de su *Journal des Îles*, que escribió durante su viaje a Ceilán (actual Sri Lanka) en 1904, Segalen, indignado por la devoción de los cingaleses a la reliquia del diente del Buddha, apuntaba: «Del maestro desciendo, puesto que se trata verdaderamente de una caída, al culto, a las manifestaciones del populacho, a las reliquias». Y concluye: «Así que de ahora en adelante voy a separar enérgicamente la masa informe de mitos, ciclos, recuentos de años, los numerosos buddhas episódicos, todo aquello que sobrecarga y aplasta la obra del Maestro. Es una verdadera lástima que solo exista una sola palabra, *budismo*, para designar tantas variedades y que el propio término sea cómico, rechoncho, barrigudo, barrigón y beato. Así que a partir de ahora me diré: la enseñanza de Siddhârtha, el hombre que alcanzó su objetivo».

Esta dicotomía habitual entre un budismo "original" y la "superstición" popular en nombre de un mero ideal resulta ofensiva para la realidad viva del budismo. El budismo no existe ni nunca ha existido más allá de aquellos que lo practican, y la realidad histórica es que todas estas formas de culto que nos parecen estar basadas en la "superstición" proceden tanto de la élite monástica como del pueblo. Además, estas formas de culto no suelen ser "mentiras piadosas" o "engaños de los clérigos" con el fin de calmar a los espíritus simples. Puesto que uno no se postra toda su vida ante estatuas de buddhas y otras divinidades sin ver en ellas algo más que meros símbolos y alegorías.

Asimismo, el aspecto mágico del budismo ha sido desafortunadamente omitido por completo en Occidente hasta la fecha y, en cambio, se han destacado sus aspectos espirituales o doctrinales. Los "poderes sobrenaturales" (*abhijñâ*), que supuestamente se obtienen mediante el ascetismo y el ritual, se contraponen con la espiritualidad pura. A pesar de que estos poderes nunca han representado el objetivo declarado de la práctica religiosa, en Asia son sobre todo estos poderes los que atraen la imaginación de los fieles que cuentan con los monjes para protegerles de todo mal y garantizarles la felicidad en este mundo y el más allá.

Al presentar al Buddha como una especie de librepensador que se habría alzado contra los prejuicios de su tiempo, los orientalistas del siglo XIX transformaron el budismo en una especie de "protestantismo" caracterizado por su rechazo del dogma y el ritual. Encontraron en el budismo una religión conforme a su propio corazón cuyo supuesto punto de vista racionalista constituía un contraste revelador con el cristianismo (en concreto con el ritualismo católico). Esta misma actitud puede encontrarse entre la élite budista occidental que busca, de buena fe, reformar el budismo y transformarlo en una religión adaptada al mundo moderno. Pero al hacer esto olvidan algo: la filosofía, la metafísica, los mitos y los rituales forman un todo orgánico, resulta imposible prescindir de un elemento (el ritual) sin distorsionar los demás. En la realidad viva del budismo, lo filosófico y lo religioso, lo racional y lo mágico van de la mano.

Esta interpretación antirritualista del budismo es particularmente evidente en varios libros recientes sobre el budismo. En

El monje y el filósofo, por ejemplo, Matthieu Ricard afirma: «Las divinidades son simbólicas. El rostro de una divinidad representa el Uno, el absoluto. Sus dos brazos son el conocimiento de la vacuidad unido al método de la compasión. Ciertas divinidades tienen seis brazos, y esto simboliza las seis perfecciones [...]. Estos arquetipos simbólicos nos permiten utilizar el poder de nuestra imaginación como un factor de progreso espiritual, en lugar de dejarnos arrastrar por los pensamientos desenfrenados». En consecuencia: «Postrarse ante el Buddha es un saludo respetuoso no a un dios sino a aquel que encarna la sabiduría última».

Cuando se trata de los rituales funerarios, que tienen una gran importancia en todas las formas de budismo y, en especial, en el budismo japonés y el Zen (hasta el punto que los historiadores japoneses han llegado a hablar de "budismo funerario"), también se nos dice que estos rituales son meramente simbólicos. Que se lo digan a los parientes del difunto que a menudo pagan un precio muy elevado para garantizar la liberación de su ser querido, así como para, en algunos casos, deshacerse del cadáver de acuerdo con las reglas, con el fin de que no regrese para perseguir a los vivos...

A menudo también suele enfatizarse el aspecto individualista del budismo (la meditación sería la actividad interior y, por lo tanto, solitaria por excelencia). Sin embargo, esta religión también tiene un marcado aspecto comunitario: el *sangha* o comunidad es el tercer refugio para sus seguidores, al lado del Buddha y el *Dharma*. Incluso actividades que nos parecen altamente individuales, como la práctica contemplativa, están determinadas socialmente en su contexto asiático. Seguro que esto no va a gustar a aquellos que se han dirigido al budismo en busca de una experiencia interior y profundamente personal. En consecuencia, se acaba poniendo en duda el "tercer refugio" y aparecen dudas sobre si el Buddha realmente impuso la idea de la comunidad o si esta solo era una solución para salir del paso dirigida a personas falibles.

Esta negación de la dimensión colectiva y ritual del budismo muestra que un budismo idealizado puede ocultar las realidades sociológicas más evidentes. De hecho, cualquiera que haya observado sin prejuicios la vida en un monasterio budista sabrá que los rituales forman parte de las actividades cotidianas, en detrimento de la contemplación per se. Pero incluso los monjes a veces tienen una visión idealizada de su práctica y tienden a minimizar el ritual como puramente simbólico. Por ejemplo, según la visión de Matthieu Ricard: «un *stûpa* (un túmulo funerario) es un símbolo de la mente del Buddha. Las escrituras simbolizan sus palabras, y las estatuas, su cuerpo». De forma parecida, también se pasa por alto el aspecto mágico del mantra y solo se conserva su significado etimológico: esto es "aquello que protege la mente", no de una calamidad como tal, sino más bien de la distracción o la confusión mental. El problema es que esta etimología resulta prácticamente desconocida, o tiene un papel marginal, para la mayoría de budistas comunes.

Una negación similar se refleja en la concepción de Ricard

sobre los molinillos de oraciones del budismo tibetano, que, lejos de ser un práctico sustituto de la recitación de plegarias, considera un soporte externo que permite a los creyentes conectar con una verdad interior. Por supuesto, las fuentes canónicas están llenas de interpretaciones simbólicas y alegóricas. Sin embargo, es un hecho que este tipo de interpretaciones, para la mayoría de seguidores asiáticos, no son más que racionalizaciones sin ninguna relación con sus vidas cotidianas. Sin duda, es la concepción occidental de los *stûpas,* los iconos y los molinillos de plegarias (y símbolos budistas en general) tal como se expresa aquí que necesita ser reconsiderada.

Demasiado a menudo, la negación de la función práctica de los objetos budistas y el énfasis en su valor simbólico o estético es un modo de afirmar la naturaleza "espiritual" de la experiencia budista. Sin embargo, esta interpretación refleja solo el punto de vista de una minoría elitista de practicantes asiáticos y occidentales. Aunque la práctica del budismo busca en principio trascender cualquier condicionamiento sociocultural, no es una mera "experiencia pura". Ver el budismo como una pura espiritualidad, una realización personal con un trasfondo libertario, sería pasar por alto su aspecto disciplinario tal como se describe en la inmensa literatura canónica del Vinaya. El budismo es a la vez una experiencia interior y una estructura social.

La reinterpretación del budismo como una "espiritualidad" es especialmente llamativa en el caso del Zen. En *El zen y los pájaros del deseo*, el monje católico Thomas Merton escribe:

«Definir el Zen como un sistema o estructura religiosa es, de hecho, destruirlo o, más bien, pasarlo por alto completamente». Merton añade que practicantes «muy serios y cualificados» del Zen niegan que se trate de una religión y cita como autoridades a Dôgen (1200-1253), fundador de la escuela Sôtô y conocido por sus polémicas escolásticas, y a D.T. Suzuki (1870-1966), un célebre ideólogo. Según Merton: «El budismo en sí [...] se dirige más allá de cualquier "ismo" teológico o filosófico. *Insiste en no ser un sistema* (aunque al mismo tiempo, como otras religiones, muestra una tentación especial por los sistematizadores)». Merton está en lo cierto al señalar que esta reclamación de no ser un sistema la comparten la mayoría de sistemas religiosos: su propia legitimidad se fundamenta en este punto, lo que resulta algo sospechoso.

Son numerosos los seguidores budistas que comparten este énfasis en la experiencia personal en detrimento de la doctrina y el sistema. Sin embargo, paradójicamente, su discurso tiende a esconderse detrás de descripciones doctrinales de tipo general, en lugar de estar relacionado con su propia experiencia personal. Sin negar la realidad de estas experiencias, hay que señalar que aquellos que afirman tenerlas raramente se apartan del ámbito de la creencia, una creencia que en principio no es tan distinta de las "supersticiones" que profesan los practicantes menos avanzados a los que intentan denigrar.

El Dalai Lama es el líder espiritual del budismo

«Todos nosotros somos tus fieles sirvientes,
oh, Gran Lama, danos, dirígenos tu luz!»
ANTONIN ARTAUD (1896-1948),
"Discurso al Dalai Lama", 1925

La moda del budismo tibetano en Europa y Estados Unidos se debe principalmente al carisma innegable, reforzado por una intensa cobertura mediática, del actual Dalai Lama, Tenzin Gyatso, el decimocuarto poseedor del título. Sin embargo, aunque el budismo tibetano recibe más de dos tercios de los casos de conversión en Europa y Estados Unidos, sólo representa el 2 % de los budistas en Asia. Para muchos, el Dalai Lama, cuyo nombre significa "Océano de Sabiduría", encarna la compasión y la tolerancia budista. Con todo, su papel institucional es bastante limitado: en ningún caso se trata del "Papa de la Iglesia budista" (como todavía se le llamaba hasta no hace mucho en Occidente). A pesar de que ha llegado a personificar el nacionalismo tibetano, técnicamente hablando, solo es el líder espiritual de las comunidades budistas tibetanas en el Tíbet y el exilio.

La idealización del Dalai Lama es el resultado principalmente de la idealización del Tíbet tradicional y el budismo tibetano. El mito de Shangri-La (un paraíso budista en el Himalaya), por ejemplo, identificó el Tíbet con la cima espiritual del mundo, por lo que, en contraposición, la ocupación de este país por las tropas chinas se interpretó como una tragedia, donde estaba en juego el destino espiritual del mundo. El mito se hizo famoso a raíz de la película *Horizontes perdidos* (1937) de Frank Capra, basada en la novela homónima de James Hilton, pero la idea de base es mucho más antigua.

Lhasa, la capital del Tíbet, permaneció cerrada a los extranjeros durante la mayor parte del siglo XIX, lo que alimentó la imaginación del mundo occidental. Cuando el teniente coronel Francis Younghusband dirigió las tropas británicas hasta la ciudad de Lhasa en 1904, mandó el siguiente telegrama al explorador sueco Sven Hedin, que había pasado largo tiempo acampado fuera de la ciudad sin recibir el permiso para entrar en ella: «Lo siento, desfloré la ciudad de sus sueños». A pesar del hecho de que una realidad más mundana y militar se ha infiltrado en el sueño tibetano, los relatos de viaje de la exploradora Alexandra David-Néel, así como las publicaciones de un supuesto lama, Lobsang Rampa (de quien hoy sabemos que no era más que un charlatán londinense), siguieron dando credibilidad a la idea de un Tíbet "espiritual". Al final de este recorrido, la idea penetró también en la cultura popular gracias a la influencia de un célebre tebeo *Tintín en el Tíbet*, hasta el punto que para algunos intelectuales occidentales cualquier nómada tibetano es un buddha viviente.

Para todos aquellos que piensan que todos los monjes tibetanos son parangones de virtud, la autobiografía del monje Tashi Khedrup da una versión más sobria de la realidad y permite rectificar los clichés sobre las motivaciones espirituales de los monjes y la vida en los monasterios. Como muchos de sus compañeros, Tashi Khedrup tomó los hábitos sin ningún tipo de vocación religiosa. De hecho, era un cabeza loca que pronto encontró su lugar en el monasterio como monje policía (*dob dob*). Las historias que cuenta sin ninguna ostentación a menudo tienen más que ver con sus peleas que con sus experiencias espirituales.

Paradójicamente, a pesar de ser el portavoz de una tradición muy antigua, el Dalai Lama ha sabido dar al budismo tibetano un aura de modernidad. En sus discursos y escritos, insiste en las afinidades entre el budismo y la ciencia, al mismo tiempo que manifiesta un gran interés por los últimos descubrimientos científicos. También hace referencia constantemente a la tolerancia, la compasión, el respeto por la vida y la responsabilidad humana y universal. Incluso ha llegado a decir que si regresara al poder, haría del Tíbet una zona desmilitarizada, una especie de reserva ecológica y espiritual de la humanidad. Es por todos estos motivos que en 1989 obtuvo el Premio Nobel de la Paz, el mismo año en el que caía el Muro de Berlín. A través de él, el budismo (tibetano) aparece como una sabiduría laica universal, una especie de humanismo espiritual especialmente adaptado a los nuevos problemas éticos suscitados por las crisis "humanitarias" y el progreso de la ciencia moderna. Pero, en realidad, estos son los valores más de una contracultura altermundialista que los del budismo tradicional.

El Dalai Lama y su entorno representan un budismo que es más el de los tibetanos en el exilio y sus seguidores occidentales que el de los tibetanos en un Tíbet en vías de sinización. Además, en su negación de todo lo que sea chino, los tibetanos en el exilio y sus partidarios occidentales han tendido a silenciar el papel crucial de mediación que desempeñó el Panchen Lama en Pekín hasta su muerte en 1989 (antiguamente el abad del monasterio de Tashi Lhunpo era venerado al mismo nivel que el Dalai Lama). De hecho, en teoría el Dalai Lama no es el jefe espiritual de ninguna escuela en particular y mantiene buenas relaciones con todas ellas. Sin embargo, el hecho de que en tanto que monje pertenezca a la escuela Guelug explica que sus partidarios sigan, como en el pasado, favoreciendo esta escuela, que ha dominado la vida política y religiosa del Tíbet desde la accesión al trono del V Dalai Lama en 1642.

Asimismo, cuando hablamos del budismo tibetano, tendemos a ignorar la otra gran tradición religiosa del Tíbet, el Bon.

En verdad, la tradición actual del Bon, que pretende remontarse a la "religión sin nombre" prebudista de los tibetanos, parece haberse formado bastante tardíamente, alrededor del siglo XI, y bajo una fuerte influencia budista (en concreto, comparte muchos elementos con la escuela Ñingma y da mucha importancia a las divinidades locales).

Como señala la tibetóloga francesa Anne-Marie Blondeau: «A través de los discursos y los escritos del Dalai Lama y su entorno, parece emerger una voluntad de transformación o adaptación del budismo tibetano para hacerlo entrar en el marco de un budismo universal [...]. El resultado es una cierta reticencia a permitir que los extranjeros se interesen de cerca por las tradiciones religiosas excesivamente heterodoxas. De confirmarse esta tendencia, el budismo tibetano perdería el carácter profundamente original que le hace valioso». ("Religiones de Tíbet", en *Historia de las religiones*).

A pesar de su verdadero espíritu de tolerancia, el Dalai Lama no ha podido siempre prevenir las luchas de interés entre los distintos grupos que forman la comunidad tibetana en el exilio. En este sentido, cabe mencionar un caso especialmente significativo. Se trata del culto a una divinidad tántrica conocida con el nombre de Dorje Shugden, la reencarnación de un difunto lama que en su día fue rival del V Dalai Lama y que al parecer fue asesinado por los partidarios de este último. Por un extraño vuelco de la historia, esta divinidad acabó siendo la protectora de la escuela Guelug y, en particular, del actual Dalai Lama, hasta que este prohibió a sus discípulos venerar a Shugden después de recibir oráculos de otra de sus divinidades protectoras. Esta decisión causó un clamor general entre los seguidores de Shugden, que acusaron al Dalai Lama de parcialidad. La historia pasó al primer plano cuando un defensor del Dalai Lama fue asesinado hace unos años. Más allá de las cuestiones personales y las disensiones políticas, este caso subraya las relaciones a veces tensas entre las distintas escuelas del budismo tibetano o entre este último y los cultos locales, considerados como poco ortodoxos.

El Dalai Lama y la no violencia

El principio de la no violencia en relación con la verdad última encuentra sus límites en el mundo de la verdad convencional. Al comienzo de la Guerra de Iraq, por ejemplo, el Dalai Lama afirmó: «En principio, cualquier uso de la violencia es erróneo. En el caso de Afganistán e Iraq, solo la historia dirá. Por el momento, en Afganistán se pueden apreciar algunos resultados positivos, aunque todavía no son muy estables. Con Iraq, es demasiado pronto para decir».

En otra entrevista realizada en el FleetCenter de Boston, en octubre de 2003, cuando le preguntaron su opinión sobre la invasión norteamericana de Iraq, de nuevo el Dalai Lama respondió diciendo: «Es demasiado pronto para decir qué sucederá. Espere unos años. Esta es mi opinión». A pesar de haber declarado durante la escalada previa a la guerra que las guerras crean más problemas de los que resuelven, una vez que las hostilidades empezaron, siguió reafirmando su confianza en "su amigo" George Bush.

Claramente, el Dalai Lama establece una distinción casuística entre el principio de la no violencia y la realidad política que puede requerir una cierta dosis (sustancial, en estos casos) de violencia. Pero de hecho va un paso más allá y redefine la no violencia de un modo algo paradójico. En un discurso antes de la guerra dijo: «Si se tiene una motivación sincera y positiva pero las circunstancias requieren una conducta severa, en esencia se está practicando la no violencia» y «En cualquier circunstancia, creo que una preocupación compasiva por el bien de los demás, no sólo por uno mismo, es la única justificación para el uso de la fuerza». Pero ¿quiénes son los "demás" en este caso: los aliados o los insurgentes? De todos modos, no parece darle gran importancia al principio de la no violencia a la luz de la realidad política. Sin embargo, sí que se mantuvo firme a este principio en el caso del Tíbet. ¿Quizás "verdad a este lado de los Pirineos [o del Himalaya], error más allá"?

Es posible que existan razones tácticas por las que a veces haya optado por no tomar partido de este modo y en otros contextos haya expresado claramente simpatía por los iraquíes y su consternación por la pérdida de vidas. Aun así, en una situación de este tipo, cualquier forma de neutralidad entre el bien y el mal parece imposible y el recurso al Camino Medio parece sospechoso. Como muchos han señalado, no hablar en contra de esta guerra desde el comienzo equivale a alinearse políticamente con Estados Unidos. ¿Qué le diría el Dalai Lama a un líder religioso que le preguntara su opinión sobre la ocupación china del Tíbet y la represión de los monjes tibetanos, «Espere unos años»?

Dado el lugar que ocupa el Dalai Lama en el imaginario mundial como un emblema de la paz, resulta decepcionante que no condenara abiertamente la guerra preventiva, incluso a riesgo de ofender a sus aliados en el gobierno de Estados Unidos. Su indecisión en este sentido provocó duras críticas, como muestra el historiador Howard Zinn en una entrevista del 6 de octubre de 2005: «Siempre he admirado al Dalai Lama por su defensa de la no violencia y su apoyo de los derechos del Tíbet ante la ocupación china [...]. Pero debo decir que me decepcionó leer su opinión sobre la Guerra de Iraq [i.e. "Espere unos años"], porque esta es una cuestión ética tan obvia y clara en la que se ha usado violencia masiva en contra de los iraquíes, con miles de muertos». Zinn añade: «Me pregunto si el Dalai Lama conoce suficientemente la historia de la política exterior de Estados Unidos. Si fuera así, comprendería los verdaderos motivos de nuestra invasión de Iraq y no sería ambivalente sobre la guerra actual y la ocupación» (citado en *The Progressive*, enero de 2006).

La confusa retórica empleada por el Dalai Lama recuerda la empleada por algunos de sus predecesores que apoyaron los poderes políticos e intentaron lavarse las manos de cualquier injusticia cometida por estos. La buena voluntad únicamente no es suficiente, hay que tomar una posición clara. En este caso, la no violencia parece equivaler a una incapacidad para actuar. En la reciente revuelta del Tíbet,* muchos tibetanos parecen haber llegado a esta conclusión, aunque todavía afirman respetar la autoridad del Dalai Lama.

* Se trata de las protestas que estallaron el 10 de marzo de 2008 en Lhasa y que se extendieron por todo el país, en conmemoración del 49 aniversario de las revueltas de 1959 y en vísperas de los Juegos olímpicos de Pekín. Desde entonces la represión china en el Tíbet ha sufrido una escalada significativa. *(N. del T.)*

Ser budista es ser *Zen*

El Zen, junto con el budismo tibetano, es una de las formas de budismo más conocidas (o más bien, más mal comprendidas) en Occidente. En efecto, para la mayoría de sus seguidores occidentales, el budismo es un camino interior, centrado en la meditación. Según Alexandra David-Néel: «Aquel que no medita no tiene realmente ningún derecho a llamarse budista». La imagen del Buddha que se ha impuesto a través del arte budista es la del Buddha sentado en meditación y, de hecho, la meditación sentada (en japonés *zazen*) ha representado desde siempre una práctica esencial en la escuela Chan del budismo chino y sus distintas formas coreana (Son), vietnamita (Thien) y japonesa (Zen).

El término Zen deriva del término sánscrito *dhyâna* (pronunciado *chan-na* en chino, de aquí la abreviación *chan*, que a su vez se pronuncia *zen* en japonés), que designa la meditación o, más específicamente, la concentración. La escuela

Chan parece haberse originado en China a lo largo del siglo VI. Posteriormente, a principios del siglo VIII, se dividió en dos corrientes conocidas como la escuela del Norte y la escuela del Sur. Esta última, que acabaría siendo la forma ortodoxa de Zen, defendía el Despertar "súbito" y criticaba a su escuela rival por su supuesto "gradualismo" y, más específicamente, por sus tendencias quietistas o contemplativas.

En la escuela Tiantai (Tendai en japonés), la meditación sentada solo era una de las cuatro formas de meditación o *samâdhi*: 1) *samâdhi* solo sentado; 2) *samâdhi* solo caminando; 3) *samâdhi* la mitad sentado y la mitad caminando, y 4) *samâdhi* de "forma libre". La segunda y tercera formas corresponden a la "invocación del Buddha Amida" que se practica principalmente en las escuelas de la Tierra Pura. La cuarta forma es la más elevada y representa una especie de meditación "activa", que consiste en meditar durante las actividades cotidianas. Las labores manuales, por ejemplo, son una forma importante de meditación en el Zen, una característica que diferencia esta escuela de otras escuelas budistas.

De hecho, la contemplación tradicional solo se recomienda en el Chan como un método para los principiantes. Aunque algunos tienden a considerarla la vía suprema en cuanto a la práctica, la meditación sentada también puede constituir un escollo. Durante el siglo IX, el fundador de la escuela Linji (Rinzai en japonés), Linji Yixuan, atacó la tendencia contemplativa sin tapujos: «Hay un puñado de ciegos con las cabezas calvas que, después de atiborrarse de arroz, se sientan a practicar la meditación al estilo Chan, intentando detener la corriente del pensamientos e interrumpir su aparición, y piden silencio hastiados del ruido. ¡Estos no son modales budistas!». En otra enseñanza comunitaria, percibiendo al parecer que sus discípulos pasaban demasiado tiempo en meditación sentada, declaró: «Seguidores de la Vía, cuando digo que no hay ninguna Doctrina que buscar afuera, los principiantes no me entienden e inmediatamente empiezan a buscar dentro de ellos, se sientan junto a una pared en meditación, apretando la punta de la lengua contra el paladar, completamente quietos, sin jamás moverse, pensándose que esto es el *Dharma* de los buddhas que enseñaron los patriarcas.¡Qué error!». Y Linji acaba concluyendo: «En mi opinión, el *Dharma* de los buddhas no requiere ninguna acción especial. Solo actúa normalmente, sin intentar hacer nada en particular. Caga, mea, vístete, come tu arroz, y si estás cansado, entonces recuéstate» (*Linji Lu*).

Pero, a pesar de su denuncia, la diatriba de Linji no debe confundirnos: el acto de la meditación sentada siguió teniendo un papel significativo en la vida de los monjes Zen, especialmente en la escuela japonesa Sôtô. En la escuela Rinzai, aunque no se abandonó, el acto de la meditación sentada fue contestado por el método del *kôan*, una especie de acertijo cuya solución, al poner fin a todo pensamiento discursivo, se dice que conduce al Despertar. En el siglo XIII, los seguidores de esta escuela criticaron el "Zen de la iluminación silenciosa" (*mokushô zen*), lo que consideraban que probaba el quietismo de la escuela rival Sôtô.

El fundador de la escuela Sôtô, Dôgen (1200-1253), transformó la práctica del *zazen* (que él llamó *shikan taza* o "solo sentarse") en una especie de absoluto, que ya no tiene mucho que ver con el *dhyâna* indio. Ya no se trata de una introspección, sino de una especie de imitación ritual de la postura emblemática de los buddhas. Uno no se sienta para alcanzar el Despertar, sino porque esto es precisamente lo que hacen todos los buddhas para manifestar su Despertar. Con la postura sentada, se participa de algún modo momentáneamente del estado de un buddha.

En el Japón actual, la meditación sentada ya solo se practica en algunos grandes monasterios especializados. En la mayoría de templos Zen, así como en los de las demás escuelas, los sacerdotes ocupan la mayor parte de su tiempo realizando ritos funerarios para su feligreses. Con la difusión del Zen en Europa y Estados Unidos, se ha tendido a ignorar los aspectos marcadamente religiosos y rituales del Zen en favor de sus aspectos técnicos, dando al *zazen* el mismo trato que ha recibido el yoga indio.

D. T. Suzuki y el Zen

La difusión del Zen en Occidente se debe en gran medida a la figura de D.T. Suzuki, cuyos *Ensayos sobre budismo Zen* tuvieron una gran influencia en la década de 1960 y la contracultura *hippy*, al mismo tiempo que fascinaba a la generación anterior.

Tal fue la fama de Suzuki que incluso fue apodado el "san Francisco Javier del Zen para el mundo occidental". Un justo giro de los acontecimientos, dado que el misionero Francisco Javier intentó convertir a los japoneses en el siglo XVI.

Suzuki consiguió convencer a sus lectores occidentales de que el Zen podía rivalizar con las más altas cimas del misticismo cristiano o, más bien, que de hecho era superior a cualquier otra forma de misticismo, tanto oriental como occidental, y como tal constituía un fenómeno único en la historia. Lógicamente, Suzuki concluía que el Zen no es ni una filosofía ni una religión, sino tan solo «el espíritu de toda religión y filosofía». Es precisamente por este motivo que cualquier persona puede practicar el Zen, tanto si es budista como cristiana, «igual que el pez grande y el pez pequeño viven contentos en el mismo océano». Con esta metáfora, el Zen se compara con el océano y la práctica del Zen provoca lo que Romain Rolland llamó el "sentimiento oceánico" (la impresión de disolverse en la gran inmensidad de la realidad), que el fundador del psicoanálisis, Sigmund Freud, vio como una forma de narcisismo primario. Por su lado, Suzuki tuvo una gran influencia en la reinterpretación psicoanalítica del Zen al traducir la concepción de "no mente" o "no pensamiento" (*wuxin* en chino, *mushin* en japonés), el objetivo de la meditación Zen, por el "insconsciente". De este modo, desposeía al Zen de su naturaleza religiosa y lo transformaba en una especie de sistema terapéutico. Como hemos visto, este mismo tipo de interpretación errónea también sucedió con el budismo en general.

Después de subrayar la naturaleza universal del Zen, a continuación Suzuki pasó a enfatizar el hecho de que esta tradición de origen chino sólo podía desarrollarse completamente a través del contacto con la cultura japonesa, al parecer sin ningún temor a contradecirse a sí mismo. En otra de sus obras, titulada *El Zen y la cultura japonesa*, que también fue muy influyente en Europa y Estados Unidos, contraponía la naturaleza puramente intuitiva del Zen con la pesada racionalidad de Occidente, con lo que establecía (¡en 1945!) la superioridad de la sofisticada cultura japonesa sobre la cultura filistea de Occidente. Olvidando comentar la responsabilidad de Japón en el desarrollo de la Guerra del Pacífico, Suzuki consideró los bombardeos de Hiroshima y Nagasaki como una consecuencia del intelectualismo occidental: «El intelecto pulsa el botón y toda la ciudad queda destruida». Por lo visto, no se le ocurrió buscar la causa principal de la guerra y la destrucción consiguiente en la propia mística guerrera que él mismo ensalza a lo largo de todo el libro.

En una reseña al libro de Suzuki, que muchos consideran un clásico, el sinólogo Paul Demiéville dice: «Prácticamente toda la cultura de este país [Japón] [...] se interpreta en relación con el Zen, que se ha convertido en una llave maestra que da acceso tanto a la estética (la pintura, la poesía) como al militarismo japonés». Entre las "artes Zen," Suzuki otorga una gran importancia al tiro con arco. En 1953, en su prefacio a otro clásico discutible, *El Zen en el arte del tiro con arco* de Eugen Herrigel, Suzuki alaba «este pequeño libro maravilloso de un filósofo alemán», probablemente desconocedor de las anteriores simpatías de Herrigel por el nazismo. En cualquier caso, en un extraño cambio de dirección, la cultura japonesa en su conjunto se convertía ahora en la expresión de una especie de principio metafísico llamado Zen.

Los puntos de vista de Suzuki también dejaron una gran huella en Japón y, en especial, en su amigo el filósofo Nishida Kitarô, fundador de la llamada escuela de Kyoto. En su libro escrito antes de la guerra, *La cuestión de la cultura japonesa*, Nishida define la esencia del espíritu japonés como el deseo de llegar a ser uno con todas las cosas, llegar a un punto donde no hay ni yo ni otro. Esta fusión en la no dualidad corresponde a lo que Nishida llama la "experiencia pura" y, afirma, conduce de forma natural a un sacrificio del yo al servicio del emperador y el imperio japonés.

El Zen es la religión del samurai

La idea, que el Zen es la religión de los guerreros, conocida como *bushidô* (el camino del *bushi* o samurai), ha sido comúnmente aceptada en Occidente desde los días de Suzuki. Se suele decir que esto es una mera descripción de una realidad histórica, pero vale la pena examinar la cuestión de más cerca.

En este caso también, la separación entre la teoría y la práctica es considerable: en la época en la que se compilaron los grandes tratados sobre la Vía del *bushi* o samurai, en el siglo

XVIII, hacía tiempo que habían pasado los días de ir a la batalla. El régimen de Tokugawa que consiguió el poder a partir del año 1600 marcó el comienzo de un largo período de paz en Japón, en total contraste con la época anterior, por lo que había escasas ocasiones para la batalla. Todas las teorías sobre el samurai que no teme a la muerte debido a su espíritu Zen puro son solo esto, teorías. Estos pobres y desocupados guerreros pasaron a ser simples empleados, incluso miembros de la clase ociosa, y tenían que conformarse con simplemente hacer ostentación de sus armas hasta que el nuevo gobierno del emperador Meiji (1852-1912) llegó al poder y los desarmó, cansado de su ociosidad. La concepción del Zen como una ideología marcial, como defendían Suzuki y sus seguidores, respondió con una venganza en el Japón imperial.

Una tradición similar se desarrolló en China, donde el monje indio Bodhidharma, fundador semilegendario del Chan (Zen), también fue considerado como el fundador de la tradición de artes marciales conocida como boxeo Shaolín (*shôrinji kenpô* en japonés). El nombre procede del monasterio de Shaolín, en el monte Sing de China, no muy lejos de la capital de Luoyang, donde el monje indio se dice que vivió durante el siglo VI. Pero en realidad esta tradición es varios siglos posterior a la época de Bodhidharma y, por lo tanto, carece de base sólida.

Varios de estos clichés relacionados con el Zen y las artes marciales todavía perviven en la actualidad. Así, se nos dice que las artes marciales y la compasión no son necesariamente incompatibles en tanto que la invencibilidad que se supone que otorgan las artes marciales, según Bruno Etienne y Raphaël Liogier, «hace de la vida una batalla pacífica, una batalla interior donde todas las actividades se convierten en artes de la paz, en especial, inclusive las artes marciales» (*Être bouddhiste en France aujourd'hui*). Esta es una percepción de las artes marciales puramente angelical y espiritual para aquellos que raramente tienen motivos para luchar. En un campo de batalla real, las cosas son algo distintas y mucho menos nobles.

Del mismo modo, es una exageración afirmar que el Zen y las artes marciales están intrínsecamente ligados y que, desde el siglo XIII, el *bushidô* se convirtió en un modo de practicar el Zen. Aunque los *shôgunes* (gobernantes militares) del Japón medieval pudieron, efectivamente, haber sido seguidores del Zen, los soldados ordinarios (*bushi*) tendían más bien a seguir el budismo de la Tierra Pura. En efecto, el Buddha Amida había prometido acoger a sus seguidores en su Tierra Pura del oeste. Así pues, puede decirse que el amidismo parecía más concreto que una forma elitista de Zen, que, al enseñar a sus discípulos a ignorar la muerte, parecía evitar la importante cuestión de la vida después de la muerte. Sin embargo, esto no fue exactamente así. En la práctica, y de forma algo paradójica, el Zen medieval se convirtió en una especie de "budismo funerario", hasta tal punto que su popularidad sin duda se debe menos a sus afirmaciones sobre la naturaleza idéntica de la vida y la muerte y más a la supuesta efectividad de sus rituales funerarios.

Parte III

El budismo y la sociedad

El budismo es una religión tolerante

«[El] espíritu de tolerancia y compasión ha sido uno de los ideales más apreciados de la cultura y la civilización budista desde el comienzo. Por este motivo no existe ni un solo ejemplo de persecución o de una gota de sangre derramada, bien en la conversión de la gente al budismo o en la difusión del budismo a lo largo de sus dos mil quinientos años de historia.»
WALPOLA RAHULA, *Lo que el Buddha enseñó*, 1959

Suele decirse que el budismo es una religión tolerante, sino *la* religión de la tolerancia. En el budismo no hay ningún dogma fundamental ni ninguna autoridad eclesiástica máxima, por lo que a primera vista resulta difícil hablar de una ortodoxia o un budismo "fundamentalista". Sin embargo, en la práctica la situación no ha sido siempre tan armoniosa como la teoría podría hacernos creer. Así, por ejemplo, han existido múltiples conflictos acerca de la doctrina. En el budismo chino y japonés de entre los siglos VIII-XIII n.e., hubo una clara tendencia hacia la adopción de una práctica única (por ejemplo, la meditación sentada o la recitación del nombre del Buddha Amida). Esta práctica se suponía que resumía (y hacía innecesarias) todas las demás prácticas (rituales, plegarias, etc.).

Además, la concepción de un principio único lleva a un universo homogéneo donde se excluye cualquier verdadera diferencia y donde el mal es una mera ilusión, una forma de realidad inferior. La tolerancia hacia el "otro" (en concreto, hacia los nativos, que a menudo se ven representados por las divinidades locales) solo existe en la medida en que esta alteridad se reduce a una igualdad. Asimismo, aunque textos como el *Sûtra del Loto* exalten el Mahâyâna por su inclusivismo, el propio texto sorprende por su naturaleza polémica y su rechazo de las formas anteriores de budismo a las que se refiere peyorativamente como el Vehículo Inferior. Este texto es la escritura fundamental de la escuela japonesa Nichiren y su rama laica, la organización Soka Gakkai, que se caracterizan por su sectarismo y sus enérgicos métodos de proselitismo.

Pero ha sido sobre todo la evolución histórica del budismo la que ha producido una cierta inflexión de los principios budistas. El problema principal radica en las relaciones del budismo con las culturas que ha encontrado en su expansión hacia el Este. A menudo se menciona la actitud de los budistas hacia las religiones locales como un ejemplo clásico de tolerancia, cuando en realidad a menudo esta ha sido la de intentar establecer una supremacía budista: los dioses locales más importantes son convertidos y otros son degradados al rango de demonios que hay que subyugar o destruir mediante los rituales apropiados. Por supuesto, este proceso suele describirse en las fuentes budistas como una conversión voluntaria por parte de las divinidades locales. Sin embargo, la realidad suele ser algo distinta, como sugieren varios mitos budistas que indican que el budismo a menudo ha buscado simplemente erradicar cualquier culto local que se interpusiera en su camino.

El Tíbet fue "pacificado" de este modo por el maestro indio Padmasambhava, quien subyugó todos los "demonios" locales (en realidad, dioses antiguos) haciendo uso de sus poderes extraordinarios. El primer rey budista, Songtsen Gampo, ya había sometido las fuerzas telúricas, simbolizadas por una demonesa cuyo cuerpo cubría todo el Tíbet, "clavándola" al suelo mediante *stûpas* que se erigieron en doce puntos de su cuerpo. El templo de Jokhang en Lhasa, el lugar más sagrado del budismo tibetano, se considera que es la "estaca" que se clavó en la parte central del cuerpo de la demonesa, sus órganos sexuales.

Se puede encontrar un simbolismo parecido en el mito de la subyugación del dios Maheshvara por parte de Vajrapâni, una emanación iracunda del buddha cósmico Vairochana. Maheshvara es uno de los nombres de Shiva, uno de los grandes dioses de la mitología hindú. Shiva, degradado por el budismo al rango de demonio, no había cometido otro crimen que proclamarse Señor de todos los seres y rechazar someterse a

Vajrapâni, en quien no veía más que a una divinidad subalterna. Su arrogancia le valió ser pisoteado hasta la muerte o, para usar un eufemismo piadoso, ser "liberado" por Vajrapâni. Dominados por el miedo, los otros "demonios" (de hecho, dioses hindúes) se sometieron sin luchar.

En Sri Lanka y el sudeste asiático, donde el budismo Theravâda es predominante, la asimilación de los cultos locales parece haber sido menos despiadada, aunque siguió habiendo cierta violencia simbólica. La reforma que aplicó el rey birmano Anawrattha en el siglo XI n.e. es un ejemplo típico en este sentido: algunos dioses locales (*nath*) mantuvieron un cierto lugar (en la forma de los treinta y siete *naths* que se veneraban en uno de los múltiples templos de Pagan), mientras que la mayoría de ellos fueron expulsados de la ciudad real y la religión oficial.

Japón también presenta numerosos relatos de dioses indígenas que fueron más o menos forzados a convertirse, aunque pronto se halló una solución más elegante, conocida como la teoría de "la esencia y las manifestaciones" (*honji suijaku*). Según esta teoría, los dioses japoneses (*kami*) son meros "trazos" (*suijaku*) o manifestaciones locales, mientras que su "base original" o "esencia" (*honji*) son los buddhas indios. Esto significaba que no había ninguna necesidad de conversión, puesto que los *kami* ya eran esencialmente buddhas. Paradójicamente, la concepción del absoluto procedente de la especulación budista permitió a los teóricos de una nueva religión, el llamado "antiguo" Shintô, poner en cuestión la síntesis budista. Finalmente, este fundamentalismo Shintô llevó a la "revolución cultural" de la Restauración Meiji (1863-1873), durante la cual se acusó al budismo de ser una religión extranjera y se destruyeron o confiscaron buena parte de su templos. El resultado indirecto de ello fue que el budismo también se refugió en un purismo teñido de modernismo que rechazaba las creencias locales como "supersticiones".

"Herejías" budistas

Toda doctrina religiosa se define a sí misma en relación con su "otro". El cristianismo se define por su dogma y ortodoxia y se ha afirmado a sí mismo a lo largo de la historia mediante la lucha constante contra la herejía. A diferencia del cristianismo, en sentido estricto el budismo no habla de un dogma u ortodoxia, como mucho habla de una "ortopraxis" o "práctica correcta". En este sentido, se puede decir que no existe un budismo, sino más bien muchos. Esta pluralidad se debe, en parte, a la ausencia de una autoridad central, en contraposición con el cristianismo (y en menor medida con el islam). También está relacionado con la creencia de que las verdades convencionales del budismo se ajustan a las distintas capacidades de las personas y que su valor es, por lo tanto, puramente pragmático, como una especie de "medios hábiles" (*upâya*). En este sentido, es poco frecuente encontrar un espíritu de sectarismo o fanatismo en el budismo. Sin embargo, Japón se acerca más a ello debido al desarrollo de ciertas escuelas budistas en el período medieval. Este espíritu sectario es más evidente en la figura de Nichiren (1222-1282) y sus discípulos. Paradójicamente, al rechazar tener cualquier lazo con aquellos que no pertenecieran a su escuela, los seguidores de Nichiren acabaron por negarse a obedecer al *shôgun* (gobernante militar) y terminaron siendo desterrados. Sin embargo, este tipo de conducta fanática es muy poco frecuente en el budismo en su conjunto. Curiosamente, el único otro caso de este tipo de intransigencia en Japón corresponde a los japoneses cristianos.

A pesar de su falta de inquisidores, el budismo a veces ha tenido sus herejes. En este sentido, los historiadores tradicionales han considerado ciertos sucesos como "herejías", como en el caso de los seis "maestros herejes" acallados por el Buddha.* Pero en particular destaca el caso de los dos monjes cismáticos, Devadatta y Mahâdeva. Devadatta, primo del Buddha, ha sido llamado el Judas de la leyenda budista. Así, se dice que su envidia le llevó a enfrentar la comunidad, matar a un *arhat* y calumniar al Buddha (tres de las faltas mortales, lo que hizo que acabara siendo tragado vivo en los infiernos). A pesar de ello, su herejía seguía viva en la India en el siglo VII n.e., según el testimonio del peregrino chino Xuanzang. En efecto, afirma que la falta principal cometida por Devadatta

* Según la tradición, en Shrâvastî el Buddha habría derrotado a varios maestros rivales mostrando sus poderes sobrenaturales, como elevarse en el aire y emitir llamas de fuego, entre otros. *(N. del T.)*

fue defender un enfoque más riguroso de la práctica religiosa y, en concreto, el cumplimiento estricto del vegetarianismo.

Mahâdeva, por su parte, es conocido por sus cinco puntos sobre la naturaleza imperfecta de los *arhats* (en concreto, la posibilidad de que tengan sueños húmedos). Estos puntos crearon un cisma en la comunidad y, a pesar de que este cisma representa una de las etapas en la formación del Mahâyâna, el buen nombre de Mahâdeva nunca fue resarcido y la tradición posterior siguió acusándolo de todo tipo de actos viles, en especial de haber cometido incesto con su madre y haber matado a su padre antes de convertirse en monje. Sin embargo, su doctrina no puede considerarse herética en el sentido literal de la palabra.

A pesar de la existencia de varias doctrinas consideradas como "heterodoxas", la única corriente reconocida unánimemente como "herética" tanto por sus contemporáneos como por los historiadores japoneses es la escuela Tachikawa-ryû, supuestamente fundada por dos sacerdotes Shingon, Ninkan (fechas desconocidas) y Monkan (1281-1357). Según sus adversarios, esta corriente propugnaba la unión sexual como método supremo de "convertirse en un buddha en este mismo cuerpo" (*sokushin jôbutsu*). Aunque esta forma de budismo tántrico se consideró aceptable, aunque no completamente ortodoxa, en el budismo indotibetano, provocó violentas reacciones en el budismo japonés. Básicamente, esto se debió a distintos contextos culturales, más que a un mayor puritanismo de los budistas japoneses respecto a sus correligionarios indios y tibetanos. En consecuencia, la escuela Tachikawa-ryû fue prohibida en el siglo XIV, aunque, a pesar de su desaparición formal, su influencia siguió sintiéndose durante el período Edo (1603-1868) en todos los estratos sociales: tanto en el palacio imperial como en las escuelas budistas oficiales, así como en los cultos populares.

El budismo predica la compasión

De todos los valores del budismo, la compasión (*karunâ*) es el más admirado por los occidentales. Incluso se ha convertido en su imagen de marca gracias a la imagen del Dalai Lama que han promovido los medios de comunicación. A diferencia de la compasión cristiana, que se restringe a los seres humanos (en la medida en que son vistos como potenciales conversos), la compasión budista se extiende a todos los seres vivos. En el budismo primigenio, este sentimiento de comunión se basa en la creencia en la trasmigración, la ley de la retribución kármica que lleva a los seres vivos a renacer con distintas formas, tanto humanas como no humanas. En el Mahâyâna, en cambio, se debe más bien a que todo ser vivo, incluso la más humilde lombriz, se considera que posee la naturaleza búdica. Así pues, en tanto que manifestación de nuestra naturaleza búdica, la compasión refleja la compenetración de todas las cosas. No se trata de un deber ético, sino de una comprensión ontológica.

Aunque ya era importante en el budismo primigenio, la compasión pasó al primer plano de la doctrina budista con la aparición del Mahâyâna durante los primeros siglos de nuestra era, al convertirse en un elemento crucial para alcanzar el Despertar. La compasión es el rasgo distintivo ideal de los *bodhisattvas*, quienes, a diferencia del Buddha, posponen sus propia entrada definitiva en el *nirvâna*: desde el mismo comienzo de un largo camino conducente al Despertar, hacen voto de no abandonar el mundo de las pasiones hasta que hayan liberado a todos los seres vivos (debido a su *com-pasión* precisamente) y a pesar del hecho de saber que todos los seres vivos, al igual que ellos mismos, en realidad carecen de un yo y que sus sufrimientos son ilusorios. Esta paradoja de la compasión budista se expresa con los siguientes términos en el *Sûtra del Diamante*: «Si un *bodhisattva* piensa que los seres vivos existen, ya no es un *bodhisattva*».

Y todavía una paradoja más: la compasión, en principio, es una pasión y la práctica del budismo se supone que pone fin a todos los tipos de pasiones. Así pues, ¿cómo es posible "sufrir con" (según el sentido etimológico de la palabra "compasión") y por los demás seres, que son esencialmente ilusorios, al mismo tiempo que se permanece desapegado, "impasible"?*

* En efecto, el significado de "compasión" en el budismo difiere del sentido etimológico de la palabra de origen latino y tradición cristiana que se usa para traducir la concepción budista de *karunâ* (en sánscrito), que propiamente designa aquella acción dirigida a acabar con el sufrimiento de los demás. Otras traducciones posibles pero menos frecuentes son: "empatía", "simpatía" (ambas con etimologías griegas próximas a la de "compasión") o "solidaridad". *(N. del T.)*

La compasión budista también permite legitimar ciertas brechas en el cumplimiento de las normas, puesto que se considera la intención detrás de una acción y esta no es buena o mala en sí misma: una acción que parece ser mala no puede producir efectos kármicos negativos si la intención es buena. Esto permite a ciertos *bodhisattvas* visitar los prostíbulos para difundir la palabra del Buddha a las prostitutas que trabajan en ellos. También se habla de cortesanas *bodhisattvas* que llevan a los hombres al Despertar por medio del orgasmo. Este es el caso de Guanyin, la forma china del *bodhisattva* Avalokiteshvara, quien se manifiesta como una preciosa joven que lleva al Despertar supremo a todos los hombres con los que hace el amor. A pesar de su loable motivación, este tipo de conducta seguramente contó con la desaprobación de los budistas más conservadores.

Violencia por compasión

Recurrir a la violencia parece contradecir la ética budista que se basa en la compasión. El budismo Mahâyâna, que se define por su énfasis en la ética, intenta evitar esta contradicción mediante la concepción algo paradójica del "asesinato por compasión", un magnífico oxímoron. En otras palabras, se permite el asesinato si con ello se salva a otros seres.

Algunos textos también permiten el asesinato en circunstancias específicas, bien por compasión o como un medio hábil. De este modo, según algunos textos del Mahâyâna, un *bodhisattva* puede matar a un criminal sin incurrir en la retribución de ese acto si el criminal está a punto de matar a otras personas o herir a un budista, o si actúa por compasión hacia el criminal si este está a punto de crear un karma para sí mismo que le llevaría al infierno. Esta postura remonta a la historia en la que el propio Buddha, en una vida anterior, mató a un bandido para salvar las vidas de otros quinientos comerciantes y evitar que el propio bandido fuera al infierno. En estos casos, la violencia extrema se justifica como beneficiosa para la mayoría y como un acto digno de elogio, puesto que también es ventajoso para la víctima. Esta concepción ha servido para justificar numerosas ejecuciones políticas y, contrariamente a la opinión de varios autores occidentales que han escrito sobre esta cuestión y que la han minusvalorado como un hecho minoritario (una excepción que confirmaría la regla), en realidad parece haber sido algo bastante extendido. En cualquier caso, dado nuestro nivel actual de conocimiento, parece imposible en este momento determinar qué constituye la mayoría o la minoría, el "budismo esencial" o una "desviación".

La cuestión de si uno puede sacrificar a otra persona para proteger a varias personas se ha convertido en un tema recurrente en la sociedad moderna. Con la amenaza del peligro terrorista, se ha convertido en una cuestión cotidiana en relación con Israel o Iraq. La cuestión de implementar una solución intermedia, controlar en lugar de matar al bandido, no parece tan siquiera plantearse.

En cualquier caso, este modelo deja abierta la posibilidad de que personas extraordinarias hagan uso de la violencia en circunstancias extraordinarias. Esto constituye un doble rasero en términos éticos, ya que permite que un miembro de un grupo actúe de un modo que sería condenado en el caso de los demás.

La doctrina Theravâda considera imposible matar con o por compasión. Toda persona que desarrolla intenciones compasivas ya no puede plantearse el asesinato, puesto que solo las raíces malignas del odio y la confusión pueden provocar la intención de matar y estas raíces dejan de existir en esta persona. Por el contrario, en el budismo Mahâyâna la compasión misma parece prestarse a la idea del asesinato por compasión. En el budismo tántrico los monjes deben "liberar" a los demonios, aunque esto no es más que un eufemismo que significa matarlos. De forma similar, al parecer la compasión también se ha utilizado en tiempos de guerra para "liberar" a un enemigo de su horrible existencia. Esta explicación se ha aplicado, por ejemplo, a las acciones cometidas por los monjes guerreros del Japón medieval.

No puede negarse que el mensaje de compasión del Dalai Lama ha inspirado a muchos hombres y mujeres bien intencionados tanto en Asia como en Occidente. La cuestión es en qué medida este mensaje representa al conjunto del budismo o incluso al budismo tibetano, dado el número de veces que ha sido repetido y exagerado por los medios de comunicación, y no siempre sin distorsionarlo. Por otro lado, podríamos preguntarnos en qué medida representa una respuesta (adecuada aunque culturalmente condicionada) a las expectativas del mundo moderno, un mundo en el que el presidente de Estados Unidos se siente obligado a hablar de "conservadurismo compasivo" y donde la compasión se ha convertido en una baza electoral.

El budismo es una religión pacífica

«Y qué rey en el mundo encontraríamos como Asoka, quien,
trastornado por haber hecho una pequeña guerra,
durante el resto de su vida haría contrición y penitencia.»
HENRI MICHAUX, *Un bárbaro en Asia*, 1933

«Si el mundo se hubiese librado de las violentas intrusiones
de los fanáticos ejércitos del islam,
es probable que [las dos religiones, cristianismo y budismo]
hubiesen podido compartir el mundo en paz.»
ALFRED FOUCHER, *La vida del Buda*, 1949

En una época en la que el mundo occidental se ve cada vez más confrontado con la posibilidad de nuevas "guerras santas", el budismo parece ofrecer el ejemplo reconfortante de una religión pacífica. La compasión y la no violencia aparecen mencionadas con frecuencia como dos de las características principales del budismo. El término "no violencia" es una traducción común del término sánscrito *ahimsâ* y suele definirse como la abstención de dañar o matar a otros seres vivos. Esta concepción se incluye en las doctrinas del Buddha y su contemporáneo Mahâvîra, el fundador del jainismo, y cuenta con una base teórica. Habiéndose convertido en un principio ético fundamental en la India, la concepción de la no violencia alcanzó su renombre internacional gracias a Gandhi, quien aplicó una interpretación muy amplia de este término con el fin de erradicar cualquier pensamiento de odio o mala fe. En el hinduismo, este principio se relaciona con la concepción de que el yo o *âtman* nunca se destruye, sino que transmigra de una vida a otra. En esencia, el yo se concibe como idéntico a Brahman, el principio de todas las cosas. Por su parte, en el jainismo, *ahimsâ* se convierte en un principio absoluto y su aplicación requiere un empleo considerable de energía.

En el budismo, las interpretaciones de esta concepción son más moderadas que en el jainismo. De un modo algo distinto, la concepción de *ahimsâ* inspira algunas normas sobre la prohibición de matar seres vivos en el Vinaya. Esta abstención debe ser voluntaria, puesto que lo que importa es la intención. En este contexto, el asesinato es básicamente algo que representa un obstáculo para la meditación y el Despertar. La compasión, aunque aparece mencionada, solo ocupa un lugar secundario.

Los motivos que justifican que *ahimsâ* sea un principio ético fundamental incluyen la idea de que el universo constituye un todo y que, al dañar a otra persona, uno se daña a sí mismo; o la idea que la violencia hacia los demás es éticamente envilecedora; o la regla de oro de no hacer a los demás aquello que a uno no le gustaría que le hicieran.

En la ética budista, se recurre a estos motivos en un momento u otro, aunque la cuestión fundamental es la concepción de la retribución de las propias acciones. La ley del karma significa que la violencia engendra más violencia. Así pues, esta moral se convierte en una toma de conciencia de la causalidad kármica. Por un lado, la violencia es una de las características generales de la existencia; por otro lado, es algo que hay que evitar para dejar atrás definitivamente el ciclo de la existencia y alcanzar el Despertar o *nirvâna*. Cualquier forma de violencia, por muy necesaria que sea para mantener el orden social, solo contribuye al continuo ciclo de nacimientos y muertes.

En principio, el budismo condena cualquier forma de asesinato. Así, por ejemplo, según el *Abhidharmakosha shâstra*: «Al igual que todos los soldados obran por un mismo fin, todos son igual de culpables que aquel de entre ellos que mata. De hecho [...], todos se incitan los unos a los otros, si no de palabra, por el hecho de haberse reunido para matar [...]. Aun si han sido obligados a alistarse en el ejército, son culpables a menos que se hagan el siguiente propósito: "Incluso para salvar mi vida, no mataré a un ser vivo"».

En la disciplina monástica (el Vinaya), el asesinato de otro ser humano comporta la expulsión de la comunidad monástica (*pârâjika*) y se clasifica en tercer lugar por detrás del libertinaje y el robo, y antes que la mentira. Por su parte, el budismo Mahâyâna lo sitúa en primer lugar. El *Sûtra de la red de Brahmâ* (*Fanwang jing*), texto apócrifo que representa una adaptación Mahâyâna china del Vinaya indio, ordena a los budistas que rechacen cualquier tipo de vinculación con la guerra. El texto afirma que cualquiera de los siguientes seis tipos de asesinato está prohibido: matar con las propias manos, dar la orden de matar a una persona, matar mediante varios métodos, ensalzar el asesinato, observar y disfrutar cuando una persona es asesinada y matar mediante artes mágicas.

En realidad, el budismo tiene una relación compleja con la guerra y nunca han faltado motivos para distorsionar el principio de la no violencia. En países donde el budismo representaba la ideología oficial, a menudo se vio obligado a respaldar el esfuerzo bélico. Entonces, se justificaba la violencia mediante consideraciones de orden práctico: cuando la doctrina budista (*Dharma*) se encuentra bajo amenaza, es necesario combatir implacablemente las fuerzas del mal. ¡Matadlos a todos, el *Buddha* reconocerá a los suyos!* En estos casos el asesinato se califica piadosamente de "liberación", puesto que se liberará a los demonios de su ignorancia y podrán renacer en mejores condiciones.

* Paráfrasis de la expresión atribuida al abad cisterciense Arnaud Amaury (m. 1225), quien durante el sitio de Béziers habría dicho: «¡Matadlos a todos. Dios reconocerá a los suyos!». *(N. del T.)*

El budismo también recurre a la violencia simbólica en sus rituales. Para la mente moderna, este tipo de violencia no parece ser real, violencia física, pero en las sociedades premodernas se consideraba muy real y, de hecho, a menudo era real en sus efectos psicológicos. El budismo tántrico en particular incluye una amplia variedad de técnicas de magia concebidas para dominar a los demonios. Así, siempre ha tendido a comparar a sus enemigos a hordas de demonios y ha buscado vencerlos por medio de rituales. El momento crucial en las danzas rituales tibetanas se produce cuando un monje apuñala una efigie que personifica las fuerzas demoníacas. Este ritual se considera una reconstrucción del asesinato cometido por un monje del malvado rey Lang Darma (803-842), considerado como un perseguidor del budismo. Los líderes políticos también realizaban rituales budistas con el fin de aplastar a sus enemigos. Así, por ejemplo, el emperador japonés Go-Daigo (1288-1339) intentó vencer al *shôgun* (gobernante militar) con la ejecución de rituales budistas que básicamente consistían en magia negra.

También existían todo tipo de justificaciones teóricas para el asesinato, como la idea de que es justo matar si se hace por caridad o compasión, con el fin de evitar que otra persona cometa algún mal. De hecho, ¿cómo se puede llegar a matar, cuando, según la ortodoxia Mahâyâna, todo está vacío? La persona que mata con pleno conocimiento de los hechos no mata a nadie, puesto que ha comprendido que todo no es más que una ilusión, tanto él mismo como la otra persona. Pero esta idea no es exclusiva del budismo, también aparece en un texto clásico del hinduismo, el *Bhagavad Gîtâ*. Un texto Zen chino afirma de un modo parecido que si se comete un acto criminal de forma totalmente espontánea, se trata de un acto del mismo orden que una catástrofe natural y que, por lo tanto, no comporta ninguna responsabilidad. También pueden encontrarse sofismas de este tipo en las obras de apóstoles del Zen como D.T. Suzuki. Aquí, como en otras partes, el recurso a verdades superiores justifica las peores aberraciones.

En *Le bouddhisme et la guerre* (1957), Paul Demiéville señala que en Japón «la religión se volvió feudal al mismo tiempo que la sociedad: los conflictos armados entre las escuelas y la corte imperial, entre las escuelas y los señores feudales, entre unas escuelas y otras, iban de la mano con las batallas feudales». En efecto, a partir del siglo XI los mayores monasterios obtuvieron una autonomía casi total. Las ordenaciones, que anteriormente habían sido controladas por el estado como en China, pasaron a ser privilegio de algunos de los monasterios más importantes. Sin embargo, la mayoría de sus residentes eran monjes meramente a título nominal, puesto que nunca se habían ordenado de manera oficial. Estos monasterios también eran grandes terratenientes y nada les detenía para expandir su terreno (*shôen*) y protegerlo de toda intrusión.

Fue la época de los "monjes guerreros" (*sôhei*), que se organizaban en bandas y a menudo atacaban sin piedad a cualquiera que amenazara sus intereses (tanto si se trataba de la corte imperial como de monasterios vecinos). En esta época, también se desarrollaron nuevas escuelas (Jôdo Shinshû y Nichiren) que eran tan populares como sectarias y que llevaron a la formación de verdaderos "estados dentro del Estado". En particular, el abandono del celibato por parte de los monjes Shinshû y el establecimiento de un patriarcado hereditario hicieron que aparecieran dinastías religiosas con fines tanto seculares como espirituales. Esta insubordinación del clero budista llegó a su fin con el ocaso de la era feudal y el establecimiento del gobierno militar de Tokugawa (1600-1868). Las restricciones consiguientes que se aplicaron al budismo explican en parte por qué, con la Restauración Meiji (1868), paradójicamente pareció incapaz de resistirse al militarismo y fue arrastrado por la "movilización espiritual" a apoyar la guerra.

Luego está el Tíbet, que a menudo se considera como la encarnación del pacifismo budista. Aunque podríamos cuestionar la validez de esta afirmación, puesto que en el pasado el budismo no tuvo un efecto muy pacificador en los conquistadores mongoles o los guerreros japoneses. En realidad, este pacifismo puede que no sea mucho más que una necesidad convertida en una virtud. En efecto, no siempre ha sido así. El Tíbet real nunca fue un Shangri-la, sino que estuvo envuelto en numerosas guerras y durante siglos se ha visto desgarrado por luchas internas entre las distintas escuelas budistas. El poder absoluto de la escuela Guelug sobre el *sangha* tibetano, después de que el V Dalai Lama asumiera el poder en el siglo XVII (con la ayuda de los mongoles), no puso precisamente fin a esta situación. A lo largo de los dos siglos siguientes, el ejército tibetano continuó combatiendo contra varios enemigos (algunos de los cuales también eran budistas): entre estos enemigos se encontraban el reino de Ladakh, los mongoles Dzungar, el reino de Bhután, Nepal y los británicos.

En cuanto a los tiempos modernos, puede decirse que el Tíbet se ha visto forzado al pacifismo en tanto que ya no cuenta con la fuerza necesaria para enfrentarse a sus poderosos vecinos. Llamar a este pacifismo un signo distintivo de la espiritualidad budista es como hablar de la espiritualidad cristiana de Suiza o del pacifismo de Luxemburgo. Cuando una vez le preguntaron por qué había escogido la no violencia para resolver el problema tibetano, el Dalai Lama se echó a reír y dijo: «¡Seis millones de tibetanos! ¡Mil millones de chinos!».

Pero ¿podemos decir al menos que en el budismo no ha habido guerras santas o guerras justas? El concepto de "guerra justa" es fundamentalmente cristiano y no puede aplicarse de forma automática a otras religiones. Sin embargo, puede resultar útil analizar algunos de los elementos que son comunes al cristianismo y otras religiones cuando distintos criterios que en un principio se han analizado en un contexto cristiano posteriormente se descubren también en otras partes. Así, de hecho, el concepto de guerra justa parece encontrarse allí donde haya sido necesario justificar una guerra ante una ética que condene la violencia hacia los demás.

Este estado de guerra es especialmente prominente en Sri Lanka, donde la minoría tamil de religión hindú reclama la independencia, lo que ha resultado en enfrentamientos sangrientos desde 1983. El discurso de los cingaleses es lo más parecido que existe a una apología budista a la guerra santa. Por supuesto, se trata de un tipo de fundamentalismo muy particular, puesto que se basa en un grupo étnico y no en un texto sagrado. Sin embargo, existe una obra de referencia conocida como *Mahâvamsa*, una crónica histórica de tipo mitológica, que documenta los viajes mágicos del Buddha a Sri Lanka, así como la batalla victoriosa del rey Duttaghamani contra los *damilas* (los tamiles) en nombre del budismo. De este modo el *Mahâvamsa* respalda la idea de que la isla y su gobierno han sido tradicionalmente cingaleses y budistas. Cabe destacar que el nombre de Dhammadîpa ("Isla del *Dharma*") aparece en este texto. A partir de aquí, solo hubo que hacer un pequeño paso para transformar Sri Lanka en una tierra sagrada del budismo que debía defenderse a toda costa de los infieles. Este fundamentalismo, inspirado en parte por las reformas puritanas de Anagârika Dharmapâla a principios del siglo pasado, es básicamente una ideología política.

En resumen, y sin querer negar que en el corazón mismo del budismo radica un ideal de paz y tolerancia basado en numerosos pasajes de las escrituras, tampoco faltan otros textos que sugieren la aceptación de la violencia y la guerra cuando el *Dharma* budista se ve amenazado por los infieles. En el *Tantra de Kalachakra*, por ejemplo, los infieles en cuestión son los musulmanes que amenazan la existencia del reino mítico de Shambhala. En el siglo XIII, tanto los invasores mongoles como los guerreros japoneses que oponían resistencia eran todos fervientes budistas.

Es importante contrastar el sueño de una tradición budista pacífica con este lado oscuro. Pero incluso en estos casos conocidos de intolerancia, el budismo solo es culpable de no haber mantenido una distancia suficiente con las políticas ideológicas o nacionalistas y con el entorno social en el que se desarrolló. En general, incluso con los casos mencionados, el budismo ha sido mucho más equilibrado en esta cuestión que las otras grandes religiones e ideologías.

El budismo sostiene la igualdad de todos

> «El acto fundador del budismo es la lucha
> de un hombre, Siddhârta, contra su sociedad,
> la sociedad india de castas.»
> BRUNO ÉTIENNE y RAPHAËL LIOGIER,
> *Être bouddhiste en France aujourd'hui*, 1997

A menudo se caracteriza el budismo como una vía de liberación abierta a todos, como reacción en contra del sistema de castas indio. Esta concepción siempre ha tenido un gran impacto: en la década de 1950, por ejemplo, el doctor B.R. Ambedkar (1891-1956) utilizó esta idea como base de su movimiento para ayudar a los intocables de la India, alentando a quienes se encontraban fuera del sistema de castas a convertirse al budismo en masa.

Al renunciar al mundo, el Buddha parecía abandonar los valores dominantes de la sociedad india, que incluyen el mencionado sistema de castas. Este sistema consta de clases sociales cerradas que incluyen a los brahmanes (sacerdotes), los *kshatriyas* (guerreros), los *vaishyas* (mercaderes) y los *shûdras* (artesanos y campesinos), además de los "intocables" o parias. Esta renuncia comportaría un rechazo de las diferencias de nivel social en favor de la experiencia espiritual. Pero cabe notar que esta renuncia se concibe en el propio brahmanismo y que la experiencia ascética del Buddha forma parte de un contexto más general. Con su renuncia del mundo, el Buddha simplemente se ajustaba a un modelo de vida más o menos extendido y su ruptura con la sociedad india de la época solo es relativa.

Con un espíritu de igualdad, se dice que el Buddha habría abierto las puertas de su naciente comunidad a todo aquel que quisiera sinceramente seguirle en su renuncia del mundo. Él mismo habría nacido en la casta guerrera (*kshatriya*) y habría abierto el camino a los demás al renunciar a sus privilegios reales. Entre sus primeros discípulos había miembros de todas las castas: guerreros, por supuesto, empezando por miembros de su familia; brahmanes, miembros de la casta sacerdotal; así como algunos parias. Su patrones incluían numerosos mercaderes, así como una famosa cortesana. Sin embargo, algunos de entre ellos también eran figuras políticas importantes, como algunos reyes menores del norte de la India. Los orígenes principescos del Buddha no cayeron en el olvido y posteriormente la tradición enfatizó el simbolismo real, transformando al Buddha en el equivalente de un monarca universal (*chakravartin*).

Vale la pena preguntarse hasta qué punto el *sangha* o comunidad budista era igualitaria, puesto que las normas que regían la ordenación indican que no se aceptaba a todas las personas. En realidad, el proceso de admisión comportaba una especie de examen en el que el aspirante debía jurar que era totalmente libre y que gozaba de salud de cuerpo y mente, es decir que no era un esclavo, ni tenía deudas, ni estaba enfermo, ni estaba discapacitado, ni era hermafrodita.

El Buddha, al menos como aparece en la tradición del Vinaya, da la impresión de una persona bastante conformista, más que de un intrépido reformador en rebelión abierta con el sistema de castas. Es cierto que la primera comunidad parece haber sido bastante tolerante en cuanto al origen social de sus miembros, aunque probablemente sucedía lo mismo en otros grupos de renunciantes, pertenecientes al brahmanismo o al jainismo. En principio, todo renunciante dejaba atrás la sociedad y el sistema de castas sobre el que esta reposaba. Sin embargo, en la práctica, las distinciones sociales seguían sin duda siendo operantes.

Aunque los monasterios budistas constituían una vía de ascenso social para ciertos monjes cuyo talento intelectual o espiritual compensaba su baja extracción social, en su conjunto, las diferencias sociales que marcaban el mundo profano se perpetuaban en el entorno monástico. Así, por ejemplo, en

Japón encontramos el mismo tipo de alianza entre "la cruz y la espada" que en las sociedades occidentales. En otras palabras, a menudo el hijo menor de una familia importante era destinado desde un principio al sacerdocio y alcanzaba con facilidad las posiciones más altas que resultaban inaccesibles para otros monjes. Este era el caso en particular de los príncipes imperiales japoneses (*monzeki*), que seguían llevando una vida de lujo en el monasterio, desde donde manejaban todos los hilos políticos.

Pero las diferencias de posición quizás todavía eran más claras entre las monjas, mujeres que en el Japón medieval eran forzadas por sus familias a entrar en la vida religiosa para llevar a cabo rituales ancestrales. Las monjas de origen aristocrático llevaban una vida relativamente fácil y contaban con el soporte económico de sus familias, mientras que aquellas que procedían de entornos menos ricos a menudo vivían en la pobreza más extrema. Incluso hoy, en la mayoría de sociedades de Asia todavía se trata a las monjas como ciudadanas de segunda clase, y carecen de ciertos derechos y recursos materiales fundamentales.

La cuestión de la relación entre la mujer y el budismo es uno de los aspectos más problemáticos de esta religión. Se dice que en un principio el Buddha rechazó admitir a su propia tía materna y madre adoptiva, Mahâprajâpati, en su orden. El motivo no es que la considerara indigna de ello, sino que temía provocar comentarios maliciosos. Fue solo después de la intervención de su discípulo y querido primo Ânanda, según cuenta la tradición, que decidió aceptar la ordenación de mujeres, aunque no sin imponerles varias reglas particularmente severas (dada la extrema imperfección femenina, lugar común de los primeros textos budistas).

Estas reglas estaban por completo de acuerdo con la mentalidad marcadamente misógina de la época. En ellas se establece que las monjas son inferiores y están subordinadas a los monjes bajo cualquier circunstancia. Al privarlas de la autoridad espiritual que las donaciones de los seguidores laicos les habrían conferido, las reglas dejaban a las monjas atrapadas en un estado de dependencia y pobreza, haciéndolas especialmente vulnerables a las fluctuaciones políticas, económicas y sociales. En la mayoría de los casos, las restricciones en cuanto a la ordenación plena de las monjas significa que la mayoría de ellas no reciben la ordenación completa, lo que las condena a una condición inferior y a una existencia precaria.

En teoría, el principio Mahâyâna de la no dualidad supone la igualdad entre hombres y mujeres. Pero en realidad, en la vida monástica, las monjas todavía son inferiores a los monjes. Sin embargo, están empezando a pedir más igualdad ahora que las sociedades asiáticas están teniendo un mayor contacto con la modernidad. No obstante, estos intentos suelen encontrarse con una gran resistencia por parte de las autoridades eclesiásticas. Recientemente, por ejemplo, los medios de comunicación informaron sobre el caso de una monja thailandesa que fue atacada por otros monjes por haber reclamado una mejora en la posición de las monjas.

Aparte del caso específico de las monjas budistas, la relación entre las mujeres y el budismo se caracteriza por la violencia simbólica y religiosa, pues las mujeres se hallan excluidas de la vida pública de múltiples formas. Así, por ejemplo, el budismo ha impuesto durante largo tiempo todo tipo de tabúes sobre las mujeres, tanto monjas como laicas. La forma más fuerte de misoginia se expresa en ciertos textos budistas que describen a las mujeres como seres perversos, casi demoníacos. En el Tíbet, como en Japón, se excluía a las mujeres de los lugares sagrados del budismo porque se las percibía como fundamentalmente impuras y, por ejemplo, no se les permitía realizar peregrinajes a ciertas montañas.

Todavía peor: la suciedad de la menstruación y el parto comportaban que las mujeres estuviesen condenadas a un tipo especial de infierno conocido como el "infierno del estanque sangriento". El clero budista ofrecía una posible curación a modo de una serie de rituales que realizaban los monjes, por supuesto, previo pago. Después de todo, en su espíritu de tolerancia el budismo pretende liberar a todos los seres vivos, incluso a los más humildes.

A la vista de esto, no deja de sorprender saber que el budismo, especialmente el tibetano, actuó como refugio en Occidente para aquellas mujeres decepcionadas con el feminismo. De hecho, enaltecer a las mujeres por su condición de madres no es un signo de igualdad, sino que, por el contrario, es la característica principal de todas las religiones y sociedades patriarcales. Del mismo modo, la profusión de divinidades femeninas puede que comporte una revaluación del principio femenino, pero este siempre sigue estando subordinado al principio masculino. ¿Y qué sucede con el Zen, una tradición que, en principio, no se interesa por el género de sus seguidores y afirma que el Despertar está igualmente abierto a todos? A un nivel institucional, las cosas son algo distintas. Al menos en Japón, los "maestros" Zen casi siempre son hombres, y las mujeres solo ocupan un lugar subordinado. Sin embargo, la situación ha empezado a cambiar en los centros Zen occidentales, donde están comenzando a surgir mujeres en posiciones de liderazgo.

Además, aunque el budismo parece demostrar una cierta tolerancia hacia la homosexualidad, esto se debe más a su pragmatismo que a una visión abierta: en materia de disciplina monástica, la homosexualidad (y más específicamente la pedofilia) ponía menos problemas que la heterosexualidad para una comunidad esencialmente masculina (y fuertemente misógina). Durante largo tiempo, la homosexualidad estuvo muy extendida en el budismo japonés, donde incluso llegó a constituir una "vía" al mismo nivel que la poesía, la ceremonia del té o el arreglo floral: la "vía de los efebos" (*shôdô*).

Los monasterios japoneses tradicionales acogían a un tipo de chicos conocidos como *chigo* que servían de objetos de distracción sexual. Estos novicios no se rapaban la cabeza, sino que llevaban largas trenzas y se ponían maquillaje como si fueran chicas (polvos blancos en la cara, cejas estilizadas y carmín de labios). Ocupaban una parte importante en los acontecimientos artísticos de los monasterios y en los banquetes que se organizaban para la nobleza y los *shogunes*.

Aunque este fenómeno es más conocido en el caso de Japón, al parecer la situación era similar en los monasterios chinos y tibetanos. El monje tibetano Tashi Khedrup dice del cuerpo policial de monjes *dob dob*, del que él mismo formó parte: «Es cierto que a menudo se peleaban por sus chicos favoritos, pero ¿qué se puede esperar de una comunidad solo de hombres y chicos?».

Al expresar que la liberación es accesible a todos los seres vivos y que todas las personas albergan una brizna del Despertar, el budismo afirma que todas las personas son iguales, en teoría. Sin embargo, las desviaciones culturales y las prácticas han atenuado fuertemente este postulado.

El budismo es compatible con la ciencia

«El budismo es la ciencia de la mente.»

MATTHIEU RICARD, *El monje y el filósofo*, 2000

Los seguidores occidentales del budismo tibetano nunca dejan pasar la oportunidad de enfatizar el interés del Dalai Lama por la ciencia, en particular por las ciencias de la mente (la neurología, etc.). Sin embargo, sería erróneo llamar al budismo una "ciencia de la mente" si, por "ciencia", entendemos una forma de conocimiento basado en la investigación experimental y una concepción materialista de la naturaleza y el ser humano. El budismo en realidad representa una concepción espiritualista o idealista que solo da una importancia secundaria a la causalidad material, puesto que esta pertenece al dominio de la verdad relativa. Visto desde este punto de vista, efectivamente el budismo no se opone a la ciencia, aunque no considera que esta tenga la última palabra (algo que es básicamente de naturaleza espiritual).

En sus esfuerzos por modernizarse, los budistas han querido enfatizar la compatibilidad del budismo con la ciencia moderna y han omitido con discreción hablar de aquellos aspectos en los que discrepan. Algunos han llegado incluso a decir que varios de los mayores descubrimientos científicos fueron predichos hace tiempo por el budismo. Este tipo de concordismo es más o menos consciente de su engaño, puesto que no acepta admitir que el supuesto ideal budista (el Despertar) es decididamente supramundano y no secular, y que el budismo solo puede entender la modernidad y los valores que encarna como un fracaso a nivel material (y materialista).

Por mucho que la ciencia afirme ser sumamente eficaz en su intento de descifrar las leyes de la física, los budistas creen que la ciencia sigue la pista equivocada en cuanto al mundo metafísico o espiritual, que básicamente solo puede negar.

La neurociencia, por ejemplo, afirma haber hecho enormes avances en las últimas décadas. Nuevas tecnologías han permitido obtener imágenes cada vez más precisas de los rincones más recónditos y pequeños del cerebro. El modelo de un cerebro infinitamente complejo, cuyas funciones en apariencia más simples y "subjetivas" (como la percepción, etc.) se distribuyen entre varios centros nerviosos en distintos niveles, parece respaldar la concepción budista de la ausencia de un yo. En efecto, el budismo afirma que la formación dependiente de los distintos componentes de la conciencia resulta en la concepción ilusoria del yo.

El éxito de un libro como *Zen and the Brain* de James Austin refleja nuestra esperanza de comprender científicamente algunos de los estados superiores (empezando por la compasión y la bondad universal) que se considera que produce la meditación. Por otro lado, el pensamiento Zen y su gusto por la paradoja ha alimentado un enfoque científico que busca trascender los impases que presenta el pensamiento racional. La popular obra científica *Gödel, Escher, Bach: un eterno y grácil bucle* de Douglas Hoftstadter, por ejemplo, toma algunas de sus inspiraciones de *kôans* del Zen.

Desde un enfoque budista, la argumentación gira básicamente en torno a los aspectos formales y racionales del pensamiento budista. No puede negarse la existencia de una razón budista, aunque no todas las razones son científicas. La razón budista se sujeta en un marco soteriológico que la hace incompatible con el discurso científico, a menos que se contradiga a sí misma, en parte o totalmente.

Los neurocientíficos buscan determinar las correlaciones neuronales de distintos estados de conciencia con la esperanza de poder reproducir estos estados de forma artificial. Pero en este frente se han hecho escasos progresos y prácticamente nos planteamos hoy las mismas preguntas que en la década de 1970 cuando la moda del LSD y otras sustancias alucinógenas parecía que hacían accesible a todos las experiencias místicas. Sin embargo, la meditación budista no suscribe este enfoque, puesto que el budismo se fundamenta en la concepción de la primacía de la conciencia, mientras que la ciencia considera la conciencia como un mero subproducto (de la evolución y la estructura neuronal del cerebro).

Entonces, ¿cuáles son los procesos neurobiológicos que causan la conciencia o, más específicamente, ese "no sé qué" que los filósofos llaman *qualia*, es decir las cualidades subjetivas e indefinibles que conforman el contenido de la conciencia individual: la rojez específica del rojo, el contenido emocional de una emoción, la belleza intangible de un rostro o un poema, por no decir la experiencia mística o el estado supremo llamado Despertar? Aunque puede considerarse que el Despertar posee un cierto contenido intelectual (un punto que siempre ha dividido a los propios budistas), desde el punto de vista budista, jamás puede reducirse a una serie de procesos algorítmicos del cerebro y conexiones sinápticas entre sus billones de neuronas.

El problema de los *qualia* es el siguiente: mientras que el modo de ser objetivo, en "tercera persona", de las neuronas es objeto de una descripción física, objetiva y cuantitativa, ¿cómo pueden las interacciones neuronales llegar a causar experiencias subjetivas, cualitativas, en "primera persona"? Existe un vacío entre estos dos modos de ser que los modelos científicos del cerebro, a pesar de su creciente complejidad, parecen ser incapaces de llenar.

Los científicos se encuentran divididos sobre la cuestión de si existe o no un dualismo entre el cerebro y la conciencia, aunque es probable que siga sin convencerles el no dualismo teórico del budismo. Sin embargo, parece haber una convergencia entre la ciencia y el budismo en que ambos reconocen que todo cuanto constituye el yo (alegrías y preocupaciones, recuerdos y proyectos, la concepción de identidad personal) resulta de la concatenación de causas y efectos. Pero aparte de esto los elementos que se analizan en cada caso no tienen nada que ver (por ejemplo, los *dharmas* o elementos fisicomentales del modelo budista y las células nerviosas y moléculas en el modelo científico).

La mayoría de las explicaciones causales propuestas por la neurobiología son reduccionistas en tanto que eliminan aquello que pretenden explicar. El budismo, que por su parte ve la conciencia como un principio dado, no puede aceptar estas explicaciones sin desautorizarse a sí mismo.

Está claro que la teoría darwiniana de la evolución de la conciencia (o del cerebro) no es compatible con una ontología budista, que ve la conciencia (tanto si la llamamos naturaleza búdica o de otro modo) como eterna y trascendente, aunque no siempre se manifieste en el mismo grado en las personas. Para muchos budistas, el universo en su totalidad es el Buddha, o en otras palabras la conciencia Despierta que se manifestó perfectamente por sí misma en el Buddha "histórico" y que debe reactivarse mediante la práctica budista, puesto que se encuentra temporalmente oculta en los seres humanos.

El budismo se ha presentado a sí mismo durante mucho tiempo como una doctrina cosmológica. A pesar de que el

Buddha supuestamente rechazó opinar sobre la naturaleza eterna o no eterna del mundo, sus discípulos estaban ansiosos por llenar esta brecha de conocimiento, y la cosmología se convirtió en un elemento esencial del budismo. El budismo que adoptaron los conversos chinos o japoneses no era tanto un sistema ético o religioso como una nueva visión "semicientífica" del mundo.

Esta nueva visión era básicamente la del hinduismo. Aunque el contexto budista era radicalmente nuevo en ciertos aspectos, a medida que la nueva religión se extendía surgió una clara tendencia hacia la cosmología tradicional. Pero también se podría definir el budismo como un intento de trascender el cosmos. Como señaló Paul Mus, la cosmología budista es una estructura en flecha: solo existe para que podamos escapar de ella. Se dice que el mundo es como una casa en llamas, un lugar peligroso del que necesitamos escapar lo más rápido posible. El universo es un escenario cósmico donde tiene lugar la liberación del ser humano. La transmigración a través de los seis destinos y los tres mundos no es un fin en sí mismo: después de haber ocupado todas las posiciones en la jerarquía de los seres desde el amanecer de los tiempos, la persona debe finalmente trascender esta estructura jerárquica.

Los partidarios del modernismo budista suelen apresurarse a rechazar la cosmología budista tradicional, que consideran anticuada y algo demasiado específico perteneciente a una cultura. Si embargo, esta cuestión no está nada clara y comporta el riesgo de tirar el grano con la paja.

Tomemos los ejemplos de la retribución kármica y la transmigración, dos conceptos clave en el budismo. Ambas nociones no pueden reducirse a una simple causalidad moral o psicológica, sino que forman parte integral de un sistema cosmológico completo, los Diez Reinos: donde los seis destinos inferiores todavía pertenecen al ciclo de la vida y la muerte, mientras que los cuatro destinos superiores conducen a la liberación. La estructura misma del karma se derrumbaría sin la cosmología budista. Lo mismo sucede con el *bardo*, el mundo intermedio en el budismo tibetano que debe atravesar la conciencia antes de renacer. Igualmente, el panteón budista, formado por todo tipo de seres que habitan en esta estructura cósmica, quedaría reducido a unos pocos principios imprecisos psicológicos o espirituales, sin ningún tipo de veneración y devoción. Que le digan esto a los humildes adeptos que se pasan el día postrándose frente al templo de Jokhang, el lugar más sagrado de Lhasa. Este templo no tendría razón de ser sin su veneración, sería tan solo una cáscara vacía que los chinos convertirían rápidamente en un museo.

De hecho, quizás los chinos no sean el peligro más grave que afronte el budismo tibetano, puesto que, al menos, representan un enemigo visible. Por el contrario, este peligro viene de algunos de sus propios seguidores, quienes, con la mejor de las intenciones, están intentando inexorablemente modernizar el budismo tibetano y con ello lo están vaciando de parte de su propia sustancia. Lo mismo sucede con otras formas de budismo. Los líderes chinos también están envueltos en la "modernización" del budismo chino, con el fin de separar el grano (los principios espirituales) de la paja (las "supersticiones", una categoría que designa el aspecto ritual del budismo), en detrimento de la religión viva.

Según Matthieu Ricard en *El monje y el filósofo*, «la cosmología budista pertenece a la verdad convencional, una verdad que era la de la época». Por otro lado, añade: «La descripción contemporánea del cosmos corresponde a la concepción del universo que tenemos en la actualidad y el budismo la acepta como tal». Pero no nos confundamos: este aparente acuerdo oculta una jerarquía de valores, una negación sutil de la ciencia, puesto que esto equivale a decir que la cosmología científica también pertenece a la verdad convencional, al igual que la cosmología budista tradicional, mientras que en realidad la filosofía budista se considera que expresa la verdad última. Para las mentes científicas, incluso si las teorías científicas solo son temporales, la verdad última se expresa de todos modos con la lógica matemática. Aquí encontramos una profunda y aparentemente infranqueable divergencia entre el punto de vista espiritualista del budismo y la postura resueltamente materialista de la ciencia.

Aunque el budismo primigenio se ha descrito en ocasiones como acosmológico, en realidad la cosmología budista se desarrolló muy pronto. Podemos distinguir dos tipos de cosmologías: un sistema de un mundo único y un sistema de mundos múltiples. El primero es común en su conjunto al Hînayâna y al Mahâyâna, mientras que el segundo es específico a ciertos textos del Mahâyâna. En el primer sistema, el universo único tiene su centro en el monte Sumeru, una especie de pilar cósmico que conecta los tres niveles de la realidad: el reino de los cielos, el mundo humano y los infiernos. El mundo humano se considera un disco plano que reposa sobre cuatro estratos o "ruedas": la tierra, el agua, el viento y el espacio. En la cima del monte Sumeru se halla el Cielo de los Treinta y tres Dioses, gobernado por Indra, una divinidad de origen védico. Asimismo, cinco océanos circulares separados por cadenas montañosas rodean al monte Sumeru y cuatro continentes se sitúan en el océano exterior en cada uno de los cuatro puntos cardinales, siendo el nuestro Jambudvîpa, situado al sur. Los otros tres continentes también están poblados por seres humanos que tienen una longevidad y una estatura completamente distinta a las nuestras.

En el Mahâyâna, paralelamente a esta concepción de un universo único, también se desarrolló un sistema cosmológico múltiple parecido a la famosa esfera de Pascal cuyo centro está en todas partes y cuya circunferencia no está en ningún lado. Un número infinito de mundos coexisten en este universo, infinito, se dice, como los granos de arena del Ganges. Algunos son puros, mientras que otros son impuros o mixtos y cada uno es el dominio de un buddha en particular. El mundo en el que nosotros vivimos es un mundo impuro que también está situado al sur, como el mundo de Jambudvîpa del modelo anterior, y es el "terreno" del Buddha Shâkyamuni. Esta posición al sur no deja de sorprender, dado que se considera que el cosmos es infinito y que está formado por 3.000 grandes universos, cada uno de los cuales está compuesto a su vez de un número infinito de universos menores, como el nuestro. La longevidad en cada uno de estos universos varía considerablemente y va desde los 10 a los 80.000 años.

Con esta concepción de un cosmos infinito y la proliferación del número de buddhas, la imaginación temporal da paso a la imaginación espacial. El tiempo parece desaparecer, englutido por un agujero negro. Así, según esta concepción, la liberación budista se convierte en una representación cosmológica a gran escala: ya no se trata de la liberación de una persona (como en el universo único), sino de una liberación cósmica que requiere de una cantidad enorme de energía y tiempo. El *nirvâna* de un Buddha cósmico significa la liberación de todos los seres vivos, puesto que estos seres no son distintos del propio Buddha.

Como podemos ver, estos dos tipos de cosmología (el sistema único y el sistema múltiple) comportan dos tipos distintos de liberación. El primer caso implica un lento y laborioso proceso temporal, el segundo los buddhas y *bodhisattvas* (y a veces los propios adeptos) pueden viajar a otros mundos lejanos (como la Tierra Pura del Buddha Amitâbha) a la velocidad de la luz. El primer caso implica un *nirvâna* individual dominado por la metáfora temporal, el segundo implica un *nirvâna* cósmico dominado por la metáfora temporal. La primera estructura cosmológica, con su estratificación vertical y simbolismo central, es la que ha dominado la imaginación budista. Pero con la expansión occidental en Asia, esta doble cosmología acabó coexistiendo con la cosmología copernicana.

Aunque el budismo primigenio se caracteriza por un cierto grado de reserva en cuanto a la cosmología, el ámbito cosmológico llegó a ser predominante en el budismo tántrico (al igual que lo había sido en el pensamiento védico desde un principio). En este sentido, el "Génesis" budista (que es tanto una cosmogénesis como una psicogénesis) en un principio también se concibió como un proceso de emanación, aunque esta implicaba un cierto grado de degeneración, de caída en la corriente de la existencia (*samsâra*), donde "todo es sufrimiento". Así, cuando los primeros budistas hablan de "volver a la fuente", este "retorno" principalmente busca secar la corriente de la existencia mediante la destrucción de la energía que la dirige: el deseo. El budismo tántrico, por el contrario, afirma regresar a la fuente utilizando imágenes y símbolos para ir *más allá* de toda imagen y símbolo. En el caso del Chan (Zen), se afirma "cortar" con todas las imágenes y símbolos y, por lo tanto, con todo el simbolismo cosmológico.

De este modo, desde el comienzo existieron dos formas de práctica basadas en cosmologías radicalmente opuestas: en un caso (en el budismo primigenio) se trata de una "caída" en el ciclo de la vida y la muerte (*samsâra*) que lleva a una ruptura radical entre dos planos ontológicos (la verdad y las apariencias); en el otro (en el budismo tántrico), el paso de la unidad a la multiplicidad se concibe como una emanación continua o "procesión". Así, mientras el budismo primigenio presenta una falta de continuidad entre lo absoluto y lo relativo, el budismo tántrico presupone la continuidad de la corriente de la conciencia. Por lo que en lugar de negar el mundo para descubrir una realidad puramente espiritual, como hacen los practicantes del Hînayâna y el Mahâyâna, los practicantes del budismo tántrico buscan regresar a la fuente de la que emergieron. En lugar de poner fin por completo a todas las actividades mentales y al deseo, el budismo tántrico aboga por una transformación (o "inversión") de la actividad mental mediante el deseo. En lugar de rechazar el mundo y el cuerpo, los transforma en mandalas, en imágenes rituales o microcosmos que dan acceso a la realidad del macrocosmos. A pesar de las diferencias entre estas dos estructuras soteriológicas, la cosmología sigue ocupando un lugar esencial en ambos casos. Por lo tanto, resultaría imposible eliminar la cosmología tradicional en nombre de la modernización del budismo sin poner en cuestión el propio contenido de la doctrina.

El budismo es un tipo de terapia

«Las enseñanzas del budismo en esencia no son doctrinales y menos aún teológicas, son terapéuticas.»

BRUNO ÉTIENNE y RAPHAËL LIOGIER,

Être bouddhiste en France aujourd'hui, 1997

Algunas personas han intentado trascender la elección sobre si el budismo es una filosofía o una religión destacando que se trata básicamente de una terapia psicosomática, un tipo de yoga. Este aspecto terapéutico siempre ha sido un componente esencial del budismo, aunque no siempre del modo en que lo vemos hoy. Suele señalarse que el budismo indio hace un gran uso de metáforas médicas y que la lista de las Cuatro Nobles Verdades se compara con un diagnóstico médico. En efecto, es posible que el budismo recibiera la influencia del pensamiento médico indio y, de hecho, los monjes budistas también han tenido un papel importante como médicos del cuerpo y el alma, a pesar de negar la existencia de esta última.

En el budismo primigenio, a veces se hace referencia al Buddha como el "gran médico". Cuando se le pregunta por cuestiones de naturaleza metafísica, el Buddha responde con la metáfora de la flecha envenenada: si alguien cae herido por una flecha envenenada, ¿acaso va al médico para averiguar la composición del veneno o la identidad del arquero, o para que le quiten la flecha? Del mismo modo, cuando nos confrontamos a la muerte, es necesario buscar la liberación urgentemente y las preguntas sobre la naturaleza del mundo son una pérdida de tiempo. Pero a pesar del llamamiento urgente del Buddha a atenerse a los hechos, esto no impidió que sus discípulos acabaran desarrollando un sistema filosófico, metafísico y escolástico.

En efecto, el budismo es una forma de terapia, pero más en un sentido puramente médico que en el sentido espiritual habitual. No es por casualidad que uno de los buddhas más populares en Asia sea Bhaishajyaguru, el Buddha de la Medicina. En las sociedades tradicionales, muchas enfermedades (tanto físicas como mentales) se atribuían a la acción negativa de influencias demoníacas. El budismo y sus rituales de exorcismo constituían un poderoso antídoto, una verdadera panacea. Pero a pesar de que el budismo canónico desaconsejaba el ejercicio de la medicina, puesto que se consideraba un obstáculo en el camino al Despertar, algunos monjes siguieron especializándose en esta práctica. En efecto, las metáforas canónicas que representan al Buddha como un gran médico del cuerpo y la mente toman gran parte de sus imágenes del conocimiento médico de la época.

La interpretación psicológica de la meditación budista constituye un aspecto fundamental del budismo actual en Occidente. Así, según este punto de vista, la doctrina y el arte budistas son formas de psicología profunda, por lo que los mandalas esotéricos, por ejemplo, a menudo se interpretan como arquetipos universales de tipo junguiano. Los mantras son otro aspecto importante del ritual esotérico que presenta un problema, en la medida en que son un tipo de fórmula mágica. En este sentido, no es de extrañar que algunos seguidores del budismo tibetano nieguen el aspecto mágico de los mantras en un intento de racionalizarlos. Así, los mantras se convierten en una "protección de la mente", no de algún tipo de peligro, sino de la distracción y la confusión mental. Sin embargo, como ya hemos señalado antes, esta definición etimológica es prácticamente desconocida entre los budistas comunes.

Budismo y magia

El mundo del budismo tradicional vive bajo la amenaza del mal. Esto es especialmente cierto en el caso de las enfermedades, que según el caso se consideran de origen natural, humano o sobrenatural (demoníaco). En este mundo embrujado, el budismo ha actuado básicamente como una técnica médica para tratar las causas sobrenaturales de las enfermedades (los numerosos demonios y espíritus que habitan el mundo invisible). Pero estos agresores mágicos no son solo demonios, también incluyen divinidades budistas que los seres humanos manejan mediante ciertos rituales más o menos ortodoxos. Demonio o divinidad, a veces solo es una cuestión de perspectiva.

En este sentido, la adivinación desempeñaba una papel central a la hora de determinar las causas sobrenaturales de una enfermedad o una catástrofe. Para ello existía un amplio abanico de técnicas que incluían la posesión o la astrología. En el budismo tántrico en particular, se invocaba a los demonios mediante un médium que normalmente era un niño. Este tipo de exorcismo se consideraba que curaba distintos tipos de enfermedad y, más en general, que prevenía los desastres. La adivinación solía ser la etapa preliminar de un exorcismo, en el que se buscaba transferir el demonio que poseía a la persona enferma al cuerpo del médium, desde el cual sería más fácil ahuyentar al demonio.

Pero las técnicas budistas no se limitan a los exorcismos y los rituales de protección, a menudo también comportan rituales de agresión. De hecho, la línea entre la magia blanca (defensiva) y la magia negra (ofensiva) es francamente difícil de delimitar, puesto que, tan pronto uno se siente amenazado, un ataque preventivo se presenta como una acción defensiva y no como un acto de agresión (aunque sea percibido como tal por el objeto del ataque).

El *Mañjushrîmûlakalpa*, un texto tántrico que se tradujo al chino el año 775, describe un ritual de subyugación utilizado a modo de curación. El ritual en cuestión requiere la elaboración de un mandala y una estatuilla del ave divina Garuda. A continuación se recita un determinado mantra ante la estatuilla y se enciende un fuego ritual, con el que se hace oblación y fumigación de las ofrendas quemadas y otros ingredientes de origen animal, vegetal o incluso humano.

En el Tíbet encontramos similares rituales dirigidos a la subyugación de supuestos enemigos. Algunos de estos rituales consisten en invocar una divinidad protectora por parte del oficiante y posteriormente arrojar ofrendas en la dirección de la fuerza hostil. Este obsequio sacrificial pretende simbolizar la carne y los huesos de los enemigos y la divinidad protectora. En otros casos, como por ejemplo en las danzas *cham*, se utiliza una efigie para representar al demonio que será objeto del exorcismo o el enemigo al que hay que vencer (a veces son el mismo). El ritual concluye con uno de los monjes participantes en esta danza de máscaras y que representa a la divinidad budista Mahâkâla apuñalando la efigie para "liberar" al demonio.

En tiempos de guerra, rituales secretos permitían a los monjes manejar las fuerzas ocultas para decantar la victoria a su favor. Así, por ejemplo, el V Dalai Lama recurrió a este tipo de rituales para vencer a los ejércitos del rey de Tsang en 1641. Al mismo tiempo, en el bando contrario se ejecutaban rituales similares en favor del rey. Igualmente, hasta principios del siglo XX los líderes chinos también pedían a los lamas tibetanos que llevaran a cabo rituales de este tipo.

En China y Japón, se realizaban (y todavía se realizan) fuegos rituales (*goma*) a modo de exorcismo en los que se queman figuras de papel que representan al supuesto agresor sobre un hogar triangular. En 1329, el emperador Go-Daigo realizó él mismo un ritual con el fin de "alejar rápidamente a los hombres malignos y disipar los actos de maldad", en otras palabras, eliminar del país a los guerreros que constituían un gobierno de facto.

Aunque es posible que algunos de estos rituales procedan de concepciones prebudistas, no podemos rechazarlos como meras reliquias de otros tiempos, apenas tolerados por los budistas ortodoxos o como una especie de "sustrato chamánico" como han hecho otros autores. El hecho de que estos rituales fuesen efectuados por monjes eminentes proporciona una indicación suficiente de que a lo largo del tiempo las concepciones en las que se fundamentan se han integrado de manera gradual en las doctrinas y los rituales budistas. En una religión no hay tales "reliquias": las concepciones o bien se integran en la doctrina viva de la que pasan a formar parte integrante, o bien acaban siendo obsoletas y desaparecen. Intentar separar la "magia" de la "religión", como hizo el sociólogo francés Émile Durkheim en el caso del cristianismo, representa un esfuerzo equivocado, fuera de la realidad.

Aunque en Occidente el budismo sea más conocido por sus conceptos filosóficos de altos vuelos y sus técnicas de meditación, históricamente fue su arsenal de fórmulas mágicas el que hizo que tuviera tanto éxito entre los gobernantes. Cuando por primera vez se introdujo la figura del Buddha en el Tíbet, China o Japón fue básicamente en tanto que un dios más poderoso que las divinidades locales. De este modo, se acudía a los representantes del Buddha, los monjes, como hacedores de milagros o como taumaturgos.

Otro aspecto importante del budismo que merece ser mencionado brevemente son los poderes sobrenaturales (*abhijñâ*). Los taumaturgos budistas poseen seis poderes: 1) el poder de atravesar objetos, volar, domar animales salvajes y transformarse a sí mismos en cualquier forma que deseen; 2) el ojo divino que les permite ver la muerte y el renacimiento de todos los seres; 3) el oído divino que les permite oír todos los sonidos del universo; 4) la habilidad de leer las mentes de los demás; 5) el recuerdo de sus propias vidas pasadas así como de las de los demás; y sobre todo 6) el conocimiento de la destrucción de todos los oscurecimientos, en otras palabras, el fin de la ignorancia que constituye la obtención de la budeidad.

Suele considerarse que estos poderes derivan de la meditación y constituyen uno de los métodos esenciales para convertir a los demás. Sin embargo, solo el conocimiento de la destrucción de todos los oscurecimientos es específicamente budista en tanto que pertenece al reino sin forma (la cosmología budista distingue tres niveles: el reino del deseo, el reino de la forma sutil y el reino sin forma). Los cinco primeros poderes todavía pertenecen al reino de la forma y, por lo tanto, se consideran estados impuros.

Con todo, la actitud de los primeros budistas hacia estos

poderes era ambivalente. Aunque el Buddha obró milagros en varias ocasiones, también se dice que censuró a su discípulo Pindola por haber hecho gala de sus poderes ante los laicos. Sin entrar en detalles, es evidente que el argumento en contra del uso de estos poderes debe entenderse en su contexto sociohistórico o, más exactamente, escolástico. Dado que estos poderes también existían en otras religiones rivales (hinduismo, daoísmo), los budistas terminaron proclamando un sexto tipo de poder superior a los demás, o bien criticaron la idea misma de los poderes en nombre del principio de la vacuidad. Lo que parece ser una forma de desmitificación a veces no es más que una maniobra táctica que todavía se inscribe en un discurso mitológico, puesto que la doctrina de la vacuidad de hecho ocupaba el lugar de un "superpoder", a pesar de tomarnos al pie de la letra las interpretaciones filosóficas de los exegetas.

No se puede negar la existencia de una tendencia racionalista en el budismo primigenio, en el que sus seguidores consideraban estos poderes como ilusorios. Pero a pesar de que esta tendencia tuvo su influencia en el Canon Pali y la percepción occidental del budismo, está lejos de representar al budismo en su conjunto. Aunque la ortodoxia budista antigua estaba dividida en cuanto a esta cuestión, el desarrollo del budismo Mahâyâna incrementó la ambivalencia sobre la taumaturgia. Por un lado, la concepción Mahâyâna de los buddhas y *bodhisattvas* en tanto que hacedores de milagros llevó a descripciones en varios textos Mahâyâna, como el *Sûtra del Loto*, donde el gusto indio por lo sobrenatural a veces parece llegar al borde del delirio. Esta fue sin duda la visión que tuvieron los primeros especialistas occidentales, como Eugène Burnouf, el traductor del mencionado *sûtra*. Pero, por otro lado, la lógica de la vacuidad llevaba a vaciar estos milagros de su contenido, transformándolos en ilusiones o trucos de magia que en un principio impresionaron a las masas, pero que acabaron simplemente por aburrirlos. A diferencia de la magia falsa de los herejes, se dice que la magia del Buddha es la verdadera, la magia correcta, puesto que él ha comprendido que el universo en su conjunto es simplemente magia. Así pues, la obtención de la vacuidad se percibe como el "poder" supremo, a pesar de que también es la negación de todos los poderes, puesto que los incluye y los anula al mismo tiempo.

Las historias sobre estos poderes sobrenaturales y sobre los "beneficios mundanos" que pueden aportar los rituales budistas representan las dos caras de la imaginación hagiográfica. La distinción entre el más allá y este mundo inferior no siempre es tan clara como parece: algunos rituales funerarios, por ejemplo, están dirigidos tanto a garantizar la liberación del difunto como a proteger contra cualquier mal que este pudiera causar si regresara al mundo como un fantasma. Fórmulas rituales como la japonesa *namu amidabutsu*, que en un principio tenían por objetivo asegurar el renacimiento del difunto en la Tierra Pura, también se dice que evitan la venganza de los animales o los seres humanos que han sido asesinados. Los monjes recitaban estas fórmulas para garantizar una buena cosecha o una buena pesca: tenían la doble ventaja de ofrecer por arte de magia abundantes cosechas o pescas para las personas y la liberación en la Tierra Pura para cualquier insecto o pez que fuera víctima de esta carnicería piadosa.

Así pues, es necesario poner en cuestión la propensión de los exegetas budistas y los estudiosos occidentales a aceptar las explicaciones caritativas de los rituales mágicos, con lo que pasan por alto la violencia real (o simbólica) que comportan. A pesar de los intentos de reforma, este tipo de prácticas siempre han sido y probablemente lo sigan siendo de tipo apotropaico (mágicas) y soteriológicas. Limitarse a una interpretación puramente soteriológica, como seguidores de un budismo "puro", acaba llevando a malinterpretar la naturaleza del verdadero budismo y de su historia, por no decir de su futuro.

El budismo defiende el vegetarianismo estricto

El vegetarianismo budista proviene en un origen del hecho de que el Buddha condenara el sacrificio animal, pero quizás también haya estado influenciado por las prácticas de ciertos renunciantes hindúes y jainistas. En este sentido, el principio de la no violencia (*ahimsâ*) aparece mencionado en los edictos del rey Ashoka, que prohíben el sacrificio animal y que restringen el consumo de carne y el tipo de animales que se puede matar.

A menudo se plantea la cuestión de si el propio Buddha fue vegetariano. Varias fuentes canónicas insisten en que jamás comió carne. Pero a pesar de ello una tradición muy extendida afirma que el Buddha murió por haber comido carne de cerdo contaminada. Esta leyenda ha sido objeto de gran controversia a lo largo de la historia y los exegetas han intentado atenuar el escándalo de un Buddha carnívoro argumentando que el término traducido por "cerdo" en realidad hacía referencia a un plato de setas. En *To Cherish All Life*, Philip Kapleau, un maestro Zen norteamericano, argumenta como muchos otros antes de él que el "manjar de cerdo" que envenenó al Buddha era en realidad una especie de trufa. Y añade: «Dejando a un lado el academicismo, ¿qué persona sensata puede creer que Chunda le ofreció un trozo de cerdo al Buddha cuando este había venido a visitarle?».

A juzgar por los textos, el Buddha parece haber tenido una posición bastante moderada en cuanto al consumo de carne. En cambio, su primo Devadatta era más estricto y propuso la adopción de cinco reglas que incluían la prohibición de comer carne y pescado. El Buddha rechazó aplicar esta regla y siguió restringiendo la prohibición a diez tipos de carne que ya estaban prohibidos por la sociedad de la época. De este modo, los monjes podían consumir carne siempre y cuando no supieran que el animal hubiese sido sacrificado especialmente para ellos. Las tres condiciones que debían cumplir los monjes para comer carne (ni ver, ni escuchar, ni sospechar que el animal hubiese sido sacrificado para ellos) son algo problemáticas, puesto que este desconocimiento es imposible de probar. El desconocimiento sobre los orígenes de la carne recibida en ofrenda también podría verse como algo hipócrita. Nos guste o no, el consumidor de carne es igualmente responsable del sacrificio del animal, puesto que la demanda crea la oferta. Aunque algunos textos budistas reconocen este punto, la tradición en su conjunto evita el tema.

Sin embargo, gradualmente las normas se volvieron más

estrictas: inicialmente bastaba con que un monje evitara matar un animal él mismo; más tarde pasó a ser considerado responsable indirecto de los actos cometidos por otras personas; y finalmente el consumo de cualquier tipo de carne pasó a considerarse incompatible con el precepto que prohíbe matar. Ya no se minusvaloraba esta contradicción en la que el acto lo realizaba un intermediario laico.

En el budismo Mahâyâna, el consumo de carne es más problemático que en el budismo primigenio. Comer carne se muestra como una contradicción evidente a la Ley de Oro («No hagas a los demás…»). Como afirma el maestro chino Guanding: «Por analogía con uno mismo, uno no puede querer comerse a los demás». En efecto, la creciente popularidad del vegetarianismo en círculos brahmánicos pudo haber forzado a los budistas a hacer los mismo. En este sentido el *Lankâvatâra Sûtra* afirma: «Si incluso los no budistas se abstienen de comer carne, ¿cómo pueden los budistas seguir haciéndolo cuando la compasión constituye el principio más fundamental de su doctrina?». Pero la verdadera razón de la prohibición de comer carne y pescado para los monjes podría ser de tipo ascético. Después de todo, el vegetarianismo es una forma de renuncia y sus motivaciones podrían tener poco que ver con la compasión. No cumplir con una vida vegetariana se menciona en el *Lankâvatâra Sûtra* como un obstáculo para la liberación que puede llevar a renacer en un reino inferior. Así pues, motivos soteriológicos y no la compasión parecen constituir la motivación principal, aunque el contexto cultural y demográfico también tienen un gran peso en la tradición del vegetarianismo budista. En un principio, no se mencionaba siempre la compasión como un motivo para el vegetarianismo, sino que, por ejemplo, se pedía a los monjes que se abstuvieran de comer carne de caballo y elefante porque estos animales se consideraban símbolos reales.

En China, la cuestión del vegetarianismo fue objeto de gran debate tanto entre clérigos como entre laicos a principios del siglo VI. Hay que tener en cuenta que los chinos son grandes amantes de la carne, especialmente de la de cerdo. Pero el consumo de carne siempre ha sido un privilegio de clase y la carne se consideraba un "complemento" al alimento de base habitual: el arroz. En ningún caso, allí la carne jamás ha sido objeto de ningún tabú ético, por lo que en China el budismo iba en contra de una tradición culinaria profundamente arraigada. Así pues, solo se requirió la abstinencia completa durante ciertos períodos rituales caracterizados por el ayuno y la purificación.

El debate había pasado a centrarse en otras cuestiones (rituales, económicas, gastronómicas y alimenticias). En efecto, el vegetarianismo es una cuestión más compleja de lo que parece en un principio. Además, los monjes vegetarianos heredaron una antigua tradición china que asocia el vegetarianismo con la reclusión y el luto.

El emperador Wu (464-549), de la dinastía Liang, fue uno de los más fervientes defensores del vegetarianismo. Después de convertirse al budismo, prohibió a sus súbditos llevar a cabo sacrificios animales y pidió al clero budista que observara una estricta dieta vegetariana. A la hora de tomar estas decisiones se inspiró en el *Mahâparinirvâna Sûtra*, que condena el consumo de carne y pescado, en contraposición a los textos del Vinaya de las escuelas del Mahâyâna y el Hînayâna. En consecuencia, estos decretos imperiales fueron objeto de fuertes discusiones en el seno de la comunidad monástica. Los defensores del vegetarianismo enfatizaban la prohibición de matar y causar sufrimiento, así como el valor nutricional de los vegetales y distintos factores económicos. A pesar de una cierta reticencia inicial, el vegetarianismo estricto acabó siendo un modo para que la comunidad monástica budista se diferenciara radicalmente de los laicos, quienes, fuesen cuales fuesen sus inclinaciones, debían comer carne en ciertas ocasiones para respetar sus obligaciones sociales. Sin embargo, al final se amplió la prohibición y los acabó incluyendo a ellos también.

El contexto cultural también ha tenido un papel importante en Japón, que en ocasiones ha llevado a direcciones divergentes. El monje Shinran (1173-1263) y sus seguidores abandonaron el vegetarianismo porque comportaba un aspecto voluntario que iba en contra del abandono del yo que requería la fe absoluta en el Buddha Amida. Con la Restauración Meiji (1868), se permitió que los monjes comieran carne (así como que se casaran) y hoy en Japón el vegetarianismo solo existe en lugares específicos, como los monasterios Zen.

El budismo japonés desarrolló la concepción de que todos

los seres, incluidos los vegetales, tienen una naturaleza búdica y que, por lo tanto, son fundamentalmente idénticos. Como dijo el monje Chinkai (1093-1152): «Todos los seres vivos tienen una naturaleza búdica y llegarán a ser buddhas. ¿Cómo podrían los buddhas comerse los unos a los otros?». Si llevamos esta idea a sus consecuencias lógicas, entonces significa que incluso el vegetarianismo supone un problema.

Aunque los budistas occidentales son en su mayoría vegetarianos estrictos, los budistas asiáticos han tendido a romper esta norma y al hacerlo quizás creían seguir el ejemplo del Buddha. Hoy, quizás podrían inspirarse más bien en el Dalai Lama, quien, según un comunicado de prensa, cuando el presidente de Francia le invitó junto a otras celebridades a una cena en conmemoración del cincuenta aniversario de la Declaración Universal de los Derechos Humanos y le trajeron una comida vegetariana especial, en lugar del plato con carne que se sirvió a los demás, supuestamente protestó diciendo: «Soy un monje tibetano, no un vegetariano».

También hay que tener en cuenta que el vegetarianismo a menudo ha provocado efectos sociales inesperados. Algunos sociólogos han señalado que ha contribuido a la "sanscritización" de la sociedad india, actuando como un medio para facilitar la movilidad social en el seno del sistema de castas indio. En efecto, abstenerse de comer carne, considerada como un alimento impuro, ofrece un medio para aumentar la pureza ritual de un grupo, en este caso el *sangha* budista. Así pues, el vegetarianismo se ha convertido en un medio para expresar diferencias sociales y religiosas. De aquí a la discriminación social solo hay un paso, y a veces se ha cruzado esta línea. En Japón, por ejemplo, a los *burakumin* ("gente de pueblo", un eufemismo para referirse a grupos sociales minoritarios) se les suele discriminar por ocuparse de las profesiones impuras relacionadas con el sacrificio de animales. Paradójicamente, se plantea una situación en la que la violencia social ocurre aquí en nombre de la no violencia.

El budismo es una enseñanza universal

El budismo Mahâyâna reconoce la existencia de una naturaleza búdica en todos los seres vivos. A diferencia del hinduismo o del *shintô*, que son religiones étnica y culturalmente delimitadas, el budismo afirma ser universal, más allá de cualquier distinción racial o cultural. Sin embargo, como hemos visto, muchos aspectos del budismo primigenio reflejan sus orígenes indios. Esto sucede especialmente en el caso de la cosmología budista o el concepto del karma. A veces se ha intentado purificar el budismo de estos elementos y calificarlos como subsidiarios o secundarios. Pero este tipo de purificación corre el riesgo de vaciarlo de toda su sustancia.

Además, dada su estrecha relación con el Estado, en muchos casos el budismo ha contribuido a la formación de una conciencia nacional. Un ejemplo de ello fue la contribución de los budistas japoneses en la resistencia ante los mongoles (también budistas) durante el siglo XIII. La victoria final gracias a los "vientos divinos" (*kamikaze*) invocados por los rituales budistas llevó a la formación de una ideología nacional que consideraba Japón una "tierra divina" (*shinkoku*). Posteriormente, esta ideología tendría un papel muy importante en el imperialismo japonés del siglo XX, alimentando el deseo impulsivo de conquista por todo el continente asiático. Durante la II Guerra Mundial, los budistas japoneses apoyaron sin reservas el esfuerzo bélico, colaborando con su retórica al misticismo imperial.

Con el auge del nacionalismo en tiempos modernos, el budismo se encontró ante una nueva tendencia hacia el fundamentalismo. En la India, por ejemplo, el resurgimiento del budismo en el siglo XX puede atribuirse principalmente a las conversiones en masa de intocables, tras la reforma social que llevó a cabo el doctor B.R. Ambedkar y que les permitió vislumbrar una salida a su situación. De este modo, empezaron a rechazar en masa el hinduismo y su sistema de castas que los había reprimido durante tantos siglos. Pero desafortunadamente su reclamación de los lugares sagrados del budismo pronto empezó a chocar con el creciente nacionalismo hindú, hasta el punto de que en estos momentos la situación está degenerando en una confrontación entre dos formas de fundamentalismo.

El budismo tradicional se convirtió en un obstáculo para el progreso y la modernización y como tal se le atacó como una forma de superstición. Así pues, tuvo que adaptarse para encajar en el molde del estado-nación moderno, en especial para dar respuesta a los retos que presentaba la rápida expansión del cristianismo, del que adoptó algunos de sus métodos misionarios. Sin embargo, fue la adopción del nacionalismo en nombre de la modernidad la que llevó al budismo a formar parte de movimientos nacionalistas, con lo que pronto se vio dominado por proyectos políticos de una naturaleza totalmente distinta que tenían más que ver con los valores de Occidente.

En Japón, el nacionalismo Zen es el resultado de la interacción entre el budismo y la modernidad occidental. En respuesta a la reforma Meiji, los japoneses crearon el concepto de "nuevo budismo", un budismo moderno, cosmopolita y humanista del que deriva el Zen moderno. Así, el particularismo Zen afirma ser superior a la modernidad occidental y revela rasgos de universalismo.

En Sri Lanka, los budistas cingaleses fueron empujados a enfatizar su identidad particular en respuesta a los ataques de los misioneros cristianos y empezaron a purgar su doctrina de cualquier elemento mágico y supersticioso que pudiera contener. Asimismo, adoptaron una postura todavía más fundamentalista que pretendía redescubrir la doctrina "pura" del budismo canónico. Al mismo tiempo, empezaron a identificar la historia del budismo con la de la nación cingalesa, por lo que el budismo llegó a convertirse en un medio para proteger la nación de las fuerzas colonizadoras de Occidente. Anagârika Dharmapâla (1864-1933), en particular, alentó a los cingaleses a hallar su verdadera identidad como budistas y a rechazar las influencias externas.

La mayor parte del tiempo, el nacionalismo budista se ha desarrollado en respuesta al nacionalismo occidental. En este sentido, los budistas han buscado promover su doctrina como algo que es útil para la nación y han destacado su carácter nativo (o al menos su antigua integración) en contraposición con el cristianismo, que ha sido importado más recientemente de Occidente. El nacionalismo budista existió por supuesto en países como Japón y Thailandia que escaparon al colonialismo. En cambio, en los países colonizados la situación fue mucho más complicada y en Sri Lanka, por ejemplo, el resurgimiento del budismo tuvo que esperar a la independencia.

En China, el clero budista intentó ganarse el favor de las fuerzas de ocupación, en este caso los japoneses que también eran budistas, lo que hizo que al final de la guerra se le acusara de colaboracionismo. En Corea, los monjes budistas también mantuvieron lazos estrechos con los invasores japoneses, lo que provocó divisiones internas. No sería hasta después de la guerra que el nacionalismo budista reclamaría sus propios derechos.

En el caso del Tíbet, el nacionalismo tiene orígenes más recientes. Aunque los tibetanos han sido objeto de amenazas externas desde hace mucho tiempo, el nacionalismo tibetano per se no existió prácticamente hasta que el Tíbet pasó a formar parte de la República Popular de China en 1951. De hecho, el auge del nacionalismo tibetano se debe más a la personalidad carismática del Dalai Lama que a la influencia del budismo. A pesar de las discrepancias internas, el Dalai Lama sigue siendo el elemento central de todas las aspiraciones nacionales tanto en el Tíbet mismo como en la diáspora.

Como hemos visto, las diferencias entre las distintas situaciones y la naturaleza difusa del concepto de nación en algunos países asiáticos explican la ambivalencia y la multiplicidad del nacionalismo budista. En el caso de los budistas japoneses, por ejemplo, la nación se identificaba con el Estado y el nacionalismo comportó el apoyo incondicional del país en el esfuerzo bélico. Los budistas cingaleses y coreanos, en cambio, distinguían entre la nación y el Estado. Al mismo tiempo, en ciertos casos, la colaboración entre los budistas y las potencias coloniales indica que aquellos no siempre fueron conscientes de los problemas que comportaban las guerras coloniales y la ocupación militar, con la multitud de injusticias sociales que acarrean.

En Thailandia, por ejemplo, se ve a los monjes (y ellos se ven a sí mismos) como símbolos del patriotismo y miembros de una comunidad que va más allá del *sangha*, la comunidad budista, y que incluye a toda la nación en su conjunto. De este modo, se sienten obligados a tomar parte en el discurso patriótico y justificar los actos de violencia que se cometen en nombre de la nación.

Es evidente que el *sangha* budista ha tenido que modificar su doctrina para adaptarse a sociedades como China y Japón y que los monjes budistas a menudo han dado uno o varios pasos más en esta dirección, como muestra la participación de los monjes guerreros japoneses en las guerras medievales o el fervor patriótico de los monjes thailandeses y cingaleses. Cuando los mongoles intentaron conquistar Japón durante la segunda mitad del siglo XIII, los sacerdotes budistas dieron su apoyo a ambas partes del conflicto. Uno de los casos más recientes de implicación budista fue el apoyo de los budistas japoneses al esfuerzo bélico durante la II Guerra Mundial, cuando los monjes solían justificar algunas de las peores formas de brutalidad en nombre de la "compasión implacable".

A pesar de su tendencia universalista, no puede entenderse el budismo fuera de su contexto cultural, puesto que las distintas comunidades budistas de cada país dependen en gran medida de sus respectivos gobiernos y dado que los monjes y las monjas reclaman ser ciudadanos de naciones-estado y afirman su patriotismo. Así pues, existen claras tensiones entre la dimensión nacional y transnacional del budismo. En las guerras en las que dos países budistas han entrado en guerra (como en el caso de los mongoles de Kublai Khan y los japoneses en el siglo XIII), los budistas no han dudado en tomar partido por sus países, a pesar de sus afirmaciones "internacionalistas".

El "redescubrimiento" occidental del budismo durante el siglo XIX llevó a los budistas a considerarse parte de un movimiento transnacional panasiático o, incluso, como una religión universal. Sin embargo, estas supuestas afinidades entre todos los budistas no han impedido que el sentimiento de pertenencia nacional haya primado sobre cualquier sentimiento de pertenencia religiosa. Ha sido solo recientemente que algunos budistas en el exilio, como el Dalai Lama o Thich Nhat

Hanh, han recibido un reconocimiento espiritual que trasciende sus orígenes nacionales. Por supuesto, todos los monjes deben seguir las mismas reglas monásticas, aunque estas varían levemente en función de cada escuela y país en cuestión. Pero en algunos casos la intrusión del Estado en la vida monástica también ha conducido a cambios notables en la forma de vida de los monjes, lo que ha agudizado las diferencias nacionales.

Monjes y activismo político

El budismo se está volviendo cada vez más comprometido y esta implicación social y política a veces le comporta efectos beneficiosos y, otras veces, efectos negativos. La influencia del protestantismo, que dio lugar al que se conoce como "budismo protestante", es especialmente visible en Sri Lanka entre líderes reformistas como Anagârika Dharmapâla, que recalcó la necesidad de una "Reforma budista" para poner fin al "ritualismo supersticioso" que consideraba responsable de la decadencia del "budismo rural" o budismo popular. Además de volver al budismo "puro", libre de supersticiones y de la interferencia de un clero ritualista, también llamó al *sangha* a dar una mejor respuesta a las necesidades de la sociedad. Paradójicamente, fue este tipo de implicación, que buscaba acallar las críticas por parte del cristianismo sobre la pasividad budista ante las cuestiones sociales, la que parece ser responsable de que los monjes budistas acabaran involucrados en las batallas políticas y el conflicto que ha desgarrado Sri Lanka. En otras sociedades del sudeste asiático esta visión también ha dado lugar a un "budismo comprometido" que redefine objetivos tradicionales como el *nirvâna* en términos sociopolíticos y a veces anticolonialistas. Para estos reformistas, la liberación se define en primer lugar como la liberación de la opresión social, económica y colonial.

Básicamente, es el mismo tipo de activismo que se está desarrollando hoy día en el Tíbet (en las revueltas en contra de la ocupación china), en Sri Lanka (en la lucha contra los separatistas tamiles) y en Myanmar (en las protestas contra la Junta Militar). A pesar de ello, los contextos locales están conduciendo este activismo en direcciones tan distintas como la búsqueda de la democracia o la limpieza étnica.

En Myanmar, el budismo se asocia con el nacionalismo, pero no representa una fuerza agresiva como lo es en Sri Lanka, posiblemente porque allí el budismo nunca ha pasado a ser "moderno". El activismo político de los monjes en Myanmar se remonta al período colonial británico y también tuvo lugar tras la independencia y el golpe militar de 1962.

En septiembre de 2007, monjes budistas birmanos desfilaron por las calles de Rangún recitando plegarias como señal de desafío hacia la Junta Militar y en protesta por el alto coste de la vida. Estas protestas pronto se extendieron por las provincias y los monjes incluso llegaron a quemar coches en la localidad de Pakkoku. Este tipo de manifestaciones han sido muy poco frecuentes desde agosto de 1988, cuando tuvo lugar la última gran confrontación entre los monjes y el régimen, que se saldó con más de 3.000 muertos entre los opositores.

La Junta Militar que gobierna Myanmar también afirma ser budista, lo que ha hecho que los monjes hayan podido ejercer presión al rechazar las ofrendas de los militares y, de este modo, impedir que acumularan méritos para la próxima vida. En un principio en Occidente se percibió que las reivindicaciones de los monjes eran extrañamente materialistas, pero la situación tomó un giró "políticamente correcto" cuando los monjes se posicionaron en favor de la Liga Nacional para la Democracia liderada por Aung San Suu Kyi, quien recibió el premio Nobel de la Paz años atrás mientras se encontraba bajo arresto domiciliario.

El caso de los monjes birmanos parece ser muy distinto del caso de los monjes cingaleses en lucha contra los separatistas tamiles o los monjes tibetanos en revuelta contra la opresión china. Pero todos estos casos reflejan un mismo fenómeno: la politización resultante del rechazo a la reclusión monástica y la implicación activa con el mundo. Esta implicación es tanto social como política, aunque el aspecto político puede convertirse rápidamente en fanatismo patriótico.

A diferencia de los monjes de Sri Lanka, que representan a la mayoría de los cingaleses que se opone a una minoría no budista, los monjes birmanos suelen proceder de grupos étnicos minoritarios que son predominantemente budistas. Esto sin duda explica por qué su participación en las protestas contra la Junta Militar entre 1988 y 1990 acabaron en peticiones de democracia en lugar de reconocimiento étnico. Sin embargo, es importante no idealizar la situación. Hay indicios de que las protestas étnicas podrían no estar lejos. En 2003, por ejemplo, se produjeron disturbios en los que los monjes atacaron a musulmanes. Con todo, en general el monacato birmano parece haber eludido la deriva fundamentalista en la afirmación de su identidad, a diferencia de otras formas de budismo en Asia.

En el Tíbet, la disidencia política se extendió entre los monjes tras la invasión de 1951 y llevó a la revuelta de Lhasa de 1959. Las protestas se reanudaron en 1987 y los monjes se encontraron con la difícil elección entre su lealtad al budismo y sus respectivos monasterios, por un lado, y su nacionalismo y lealtad al Dalai Lama, por otro lado. Algunos creen que la política internacionalista del Dalai Lama conlleva más perjuicios al budismo que beneficios. Para ellos, el destino del budismo tibetano (o más exactamente del budismo en el Tíbet) es más importante que valores universales y abstractos como son los derechos humanos, la democracia o incluso la nación tibetana, que no son más que cuestiones relativamente nuevas. Esta nueva militancia ha obligado a los monjes a elegir entre respetar su tradición budista e involucrarse en la lucha nacionalista para liberar el Tíbet de la opresión china.

En sus memorias, el monje tibetano Tashi Khedrup describe un extraño incidente que dice mucho del activismo algo desorganizado que practicaban sus compañeros. Un lama es arrestado junto con sus cómplices y se le acusa de haber fabricado una bomba: «Cuando los monjes de Che tuvieron noticia de los arrestos, decidieron liberar al lama de Reting. Actuaron de un modo muy extraño e incluso llegaron a ejecutar a su abad cuando este intento intervenir». Entonces este pequeño grupo preparó una emboscada a los soldados: «Los monjes abrieron fuego tan pronto como vieron al escuadrón, pero a pesar de tomarlos por sorpresa y el gran número de bajas entre los soldados, no consiguieron liberar al lama». En otro momento, Tashi Khedrup describe cómo los chinos bombardearon el monasterio de Sera. Como respuesta, los monjes sacaron un rifle y se jactaron de cuántos soldados habían matado. Sin embargo, su lucha no produjo los resultados esperados. Las fuerzas de ocupación chinas cerraron los monasterios y los destruyeron en su mayor parte. Posteriormente, el activismo de los monjes disminuyó tras las peticiones del Dalai Lama de que se abstuvieran de cualquier violencia armada. Por lo general, desde entonces se ha respetado la política de la no violencia, hasta las protestas violentas de marzo de 2008. Con todo, existe el riesgo de que no sobreviva al actual Dalai Lama.

El budismo es una religión de monjes

El budismo es básicamente una forma de monacato. El *sangha* se compone de cuatro grupos: monjes, monjas, laicos y laicas. Sin embargo, la doctrina del budismo primigenio gira en torno a la comunidad monástica. La aparición del Mahâyâna a veces se ha interpretado como un intento de acordar una mayor relevancia a la devoción popular y, en efecto, a menudo se ha criticado la tendencia de los monjes a vivir recluidos del mundo como un motivo del declive del budismo en tiempos modernos, por lo que varios reformistas han abogado por la formación de un "budismo comprometido". Pero la historia muestra cómo el budismo siempre ha estado comprometido e involucrado en la vida política y social, incluso demasiado a veces. En el budismo indio, pedir limosna se considera como una relación de intercambio entre los monjes y los laicos. Estos contribuyen a sustentar a los monjes con sus ofrendas, mientras que los monjes a cambio les ofrecen su enseñanza, esto es el

Dharma. Esta "economía" budista siguió siendo una característica dominante del budismo en Asia incluso después de que los monasterios tuvieran garantizada su independencia económica en tanto que terratenientes.

Aunque el monacato puede implicar la búsqueda del ideal budista, esto no significa que los monasterios estén al margen de las corrientes sociales y políticas. La historia del budismo está salpicada de conflictos sangrientos entre los grandes monasterios en Sri Lanka o el Tíbet y, especialmente, en Japón. Así, la violencia en el seno del *sangha* suele percibirse como un signo de los tiempos, una prueba de que el fin está cerca. Esta es al menos la versión de los hechos que nos presenta la "historia de Kaushâmbî", una profecía sobre el final del *Dharma* que parece basarse en relatos sobre las invasiones de los griegos, los Shaka y los persas, en la que, tras la derrota de los invasores, los conflictos en la comunidad llevan a la violencia, que a su vez lleva al final del *Dharma*: el rey budista de la ciudad de Kaushâmbî consigue derrotar a la coalición enemiga y, para compensar el mal karma generado en la batalla, invita a los monjes budistas a un gran banquete; desafortunadamente, las distintas escuelas de monjes se pelean y estalla una riña; el banquete termina con la muerte de un *arhat*. En otras versiones posteriores de la historia, las represalias del rey acaban con el monacato y la doctrina budista.

Uno de los motivos del declive de los monasterios budistas en la India pudo ser que el Vinaya del budismo primigenio provocara una reacción contraria en el Mahâyâna debido a su enfoque excesivamente legalista, que diera lugar a la aparición de una interpretación más liberal basada en criterios puramente éticos e internos como la pureza de la intención y la compasión. Aunque pronto se cruzaría la línea entre este enfoque y el laxismo. Además, el énfasis tántrico en la no dualidad, basada en la inversión de los valores, también pareció justificar la transgresión de las reglas de disciplina.

La laxitud ética que caracteriza ciertos textos del Mahâyâna sin duda influyó en los estallidos de violencia monacal que ocurrieron en el Japón medieval, así como en la aparición de una nueva categoría de monje conocido como "monje guerrero". Sin embargo, Japón no tenía la exclusiva de estas milicias monásticas. También sabemos que los monjes chinos del monasterio de Shaolin estuvieron involucrados en la lucha contra los piratas japoneses. Del mismo modo, los monjes coreanos desempeñaron un papel importante a partir del siglo X en la defensa de Corea ante los invasores jurchen, mongoles, japoneses y manchúes (todos ellos budistas).

El establecimiento del feudalismo parece haber sido el responsable del giro hacia la violencia de los monasterios en el caso de Japón, por lo que la violencia monacal parece estar históricamente determinada. Pero en el caso del budismo tántrico también puede estar causada por tendencias doctrinales o estructurales más profundas, como en el caso del tantrismo indio. Entre los siglos X y XVI los monjes japoneses estuvieron involucrados en más de cuatrocientos "incidentes", desde protestas hasta batallas campales. El emperador Shirakawa

(1053-1129) se dice que señaló tres cosas sobre las que no tenía ningún control: los dados, una vez lanzados; las aguas del río Kamo, cuando se desbordaban; y los monjes del monte Hiei. Shirakawa explica cómo los monjes intervenían en las disputas políticas enviando grupos armados que escoltaban palanquines de divinidades en dirección a la capital para protestar por la política del gobierno. A veces, el simple avistamiento de estos palanquines bastaba para forzar una decisión, otras veces era necesario el uso de las armas. Esta táctica fue iniciada por el santuario de Ise y pronto fue adoptada por todos los grandes centros budistas (el monte Hiei, Onjôji, Kôfukuji, Tôdaiji, etc.). Desde finales del siglo XI sus ataques ya no se limitaron a las autoridades gubernamentales y empezaron a atacarse los unos a los otros.

La institución de los monjes guerreros suele remontarse al abad Ryôgen (912-985), quien supuestamente se reencarnó como un demonio para proteger el monte Hiei. Sin embargo, al parecer habría sido muy crítico con la actitud irrespetuosa de estos "monjes" e intentó establecer una serie de reglas con el objetivo de controlarlos. Los monjes guerreros eran en todos los sentidos iguales a soldados japoneses: viajaban a caballo y llevaban un arco con flechas, les cortaban la cabeza a sus enemigos y las exhibían. Su violencia física complementaba la violencia ritual que ejercían los monjes más ancianos en contra de sus enemigos.

Normalmente los conflictos ocurrían entre los monjes de Enryakuji, un gran monasterio Tendai situado en el monte

Hiei, y los del monasterio de Onjôji (o Miidera), otro monasterio Tendai a la orilla del lago Biwa, así como con los monjes de Kôfukuji, uno de los grandes monasterios de Nara. En varias ocasiones, estos monasterios fueron destruidos parcial o totalmente por parte de monjes de facciones rivales. Así, por ejemplo, cuando los monjes de Miidera obtuvieron la autorización para construir su propio estrado de ordenación en 1040, con lo que conseguían la independencia respecto de Enryakuji, los monjes de Enryakuji reaccionaron reduciendo a cenizas el monasterio de Miidera. En 1181 también destruyeron Kiyomizu, un templo subsidiario de Kôfukuji situado en el corazón de la capital, Kyoto. Pero a medida que los principales monasterios se convirtieron en terratenientes latifundistas, con sus territorios extendiéndose de una punta a otra de Japón, aparecieron los conflictos territoriales, además de las disputas sucesorias y doctrinales. Del mismo modo, el centro Tendai de Tônomine, no muy lejos de Nara, representaba una especie de enclave en esta región en gran medida dominada por Kôfukuji, y fue destruido por los monjes de Kôfukuji en 1081.

Todos estos acontecimientos parecían confirmar a los contemporáneos de la época que el "período final del *Dharma*" (*mappô*) se cernía sobre ellos. La fecha oficial de este período fue fijada para 1052, 1.500 años después de la supuesta fecha de la muerte del Buddha. En esta época de degeneración, los monjes no serían capaces de llevar una vida pura según las reglas del Vinaya. Más concretamente, puesto que el *Dharma* budista y sus símbolos materiales (los monasterios y sus terrenos) se encontraban ahora bajo amenaza, se veía a los monjes guerreros que debían protegerlos como un mal necesario.

Distintos historiadores japoneses han sostenido que este fenómeno es específico del Japón medieval, en tanto que los monjes y los guerreros armados representan dos respuestas al feudalismo en la sociedad japonesa. Así, la militarización de los monasterios habría sido inevitable en el momento en que pasaron a ocupar el papel de terratenientes con sus extensos territorios. Los monjes solo podían mantener la política de la no violencia mientras la protección del monasterio estuviera garantizada por los poderes seculares, algo que cada vez era más excepcional.

Pero el hecho es que a finales del siglo XVI resultaba necesario poner a ralla estos grandes centros budistas para acabar de una vez por todas con la violencia monacal a gran escala. En 1571, Oda Nobunaga (1534-1582) redujo a cenizas los monasterios del monte Hiei. Su sucesor, Toyotomi Hideyoshi (1537-1598) hizo lo mismo en 1585 con Negoroji, un centro de la escuela Shingon, y acabó al mismo tiempo con las milicias. Este sangriento episodio en la historia del budismo japonés marcó el final del feudalismo en Japón.

Aunque estos grandes centros monásticos de Japón no volvieron a recobrar su prosperidad después de la severa represión de la que fueron objeto al final de la Edad Media, los grandes monasterios tibetanos como Drepung y Sera podían hasta hace poco darnos una idea de los problemas, logísticos y otros, que pueden surgir con tan grandes concentraciones de monjes. En vísperas de la represión china de 1959, el monasterio de Drepung, situado a las afueras de Lhasa albergaba unos diez mil monjes. Al final de la Revolución Cultural en 1976, el número de monjes en Drepung había caído a poco más de trescientos. En los últimos años, ha aumentado hasta llegar aproximadamente a los seiscientos.

El monacato tibetano es un monacato en masa. La inmensa mayoría de los monjes eran enviados a los monasterios de niños por sus padres. Incluso en Thailandia, los monjes constituyen solo el 1 o 2 % de la población masculina, mientras que la cifra asciende al 10 y 15 % en el Tíbet. Debía resultar difícil mantener la disciplina en estas instituciones. Como en los monasterios medievales de Japón, los monasterios tibetanos contaban con su propio servicio de seguridad formado por monjes que se conocían como *dob dob*. Como hemos dicho, hoy sabemos más sobre este grupo de monjes gracias a las memorias de Tashi Khedrup, que nos han permitido reconsiderar la imagen algo idealizada que suele asociarse a los monasterios. Demos un vistazo a su vida. Los padres de Tashi Khedrup le enviaron a un monasterio de pequeño, pero la vida contemplativa y el estudio no eran sus puntos fuertes. Así que, dado su carácter animado y fogoso, optó por un tipo de vida más activa y se unió a los *dob dob*. A propósito de ellos dice: «Es cierto que se pelean a menudo, pero ¿qué otra cosa se puede esperar si se les permite cultivar la fuerza y la osadía?». Tashi Khedrup era especialmente rápido sacando su cuchillo. En una ocasión, durante una riña, apuñaló a un monje que le había atacado. Ambos recibieron un azote como castigo. Pero el castigo al parecer no funcionó, puesto que tiempo después cometió de nuevo el mismo crimen, en esta ocasión porque un monje erudito le había ofendido. La llegada de los chinos trajo más y mejores oportunidades de mostrar su valentía. Durante las protestas en Lhasa de 1959, Tashi Khedrup fue a defender el Potala, la residencia del Dalai Lama, junto con otros cuatrocientos monjes. Posteriormente, después que el Dalai Lama se refugiara en la India, Tashi Khedrup fue uno de los monjes que le siguió en el exilio. Durante su viaje a la India, sufrió una herida y perdió una pierna, pero el destino le sonrió, y gracias a un estudioso británico que conoció en la India, llamado Richard Snellgrove, pudo ir al Reino Unido, donde pronto se casó con una mujer británica. Como muestra el caso de este monje "ordinario", los monjes son en primer lugar hombres y la comunidad monástica está sujeta a las mismas tensiones que el resto de la sociedad, a pesar de poner el listón moral algo más alto.

El monacato budista

No se puede negar la importancia de la comunidad monástica en el budismo tradicional. De hecho, los monjes siempre han intentado suprimir lo que consideran ser interferencias de los laicos en sus privilegios. Esta actitud se refleja en las protestas que los monjes de Ceilán (actual Sri Lanka) dirigieron a Eduardo VII, rey de Inglaterra, en 1904: «Según las leyes del Buddha, el laicismo no forma parte de la religión. Los miembros del *sangha* son los únicos representantes vivos del budismo en la Tierra». De hecho, a lo largo de la historia del budismo se ha solido minusvalorar la primacía de los monjes. La frontera entre monjes y laicos es menos estanca que en el cristianismo: en el budismo un monje puede renunciar al monacato con bastante facilidad. En Thailandia, por ejemplo, pasar un tiempo en un monasterio se considera un rito de pasaje obligatorio para todos los jóvenes de sexo masculino, aunque sea por un tiempo. En Japón, los monjes incluso pueden casarse y tener una vida sexual activa. Además, también existe todo tipo de posiciones intermedias en la escala entre los monjes ordenados y los laicos.

Las tensiones entre los monjes y los laicos determinaron desde un principio la historia del budismo indio, que se encontraba dividido entre los ideales de la renuncia y la compasión activa. Así, esta encontró su plena expresión en el Mahâyâna. En el budismo primigenio, la posición del laico es claramente inferior a la de los monjes: los laicos solo esperan tener un mejor renacimiento, mientras que los monjes buscan alcanzar el *nirvâna*. Sin embargo, en la tradición Mahâyâna la figura del laico pasa a cuestionar la figura del monje. Por ejemplo, en el *Sûtra de Vimalakîrti* el laico Vimalakîrti ridiculiza a los *arhats* en nombre de la compasión del *bodhisattva* "mundano", dando a entender que estos discípulos del Buddha están demasiado apegados a una concepción errónea de pureza.

Los primeros monjes budistas se caracterizaban por su renuncia y vivían como mendicantes solitarios. En principio, estos monjes no tenían una residencia fija y durante la mayor parte del año viajaban a lo largo y lo ancho de la India. Solo en verano se reunían durante la estación de las lluvias. En la práctica, los monasterios y conventos aparecieron rápidamente en las ciudades y pueblos y algunos monjes y monjas pasaron a residir en ellos de forma permanente. Dos veces al mes, durante la luna llena y la luna nueva, la vida monástica estaba marcada por ceremonias que giraban en torno a la confesión ritual. Durante estas ceremonias, los monjes y monjas recitan una lista de reglas disciplinarias y confiesan cualquier incumplimiento, con el fin de afianzar ritualmente la pureza y la cohesión del grupo. Algunos monasterios urbanos pronto empezaron a florecer y la práctica religiosa pasó a estar ligada a la rutina, quizás degradándose en el proceso debido a los efectos negativos de la prosperidad material. A diferencia del clero urbano, una pequeña minoría de monjes siguió practicando el ascetismo y la meditación en la soledad de los bosques, pero su ideal eremítico no encajaba con los compromisos que comportaba la vida en los grandes monasterios. En este sentido, uno de los motivos del cisma que dividió la comunidad del budismo primigenio fue la cuestión de si los monjes debían tener dinero. La prosperidad de los monasterios budistas fue en parte resultado de la generosidad del rey Ashoka, quien, como piadoso y ferviente soberano, se dedicó a fomentar una reforma moral.

Algunos historiadores afirman que la aparición del Mahâyâna supuso el triunfo de las aspiraciones de los laicos. Por otro lado, también significó el declive de los valores del budismo primigenio, juzgado como demasiado individualista, en favor de la cohesión de grupo y los valores colectivos. Sin embargo, es importante no exagerar la oposición entre monjes y laicos. Los laicos suelen dedicarse más a la acumulación de méritos a través de sus actos, mientras que los monjes suelen comprometerse en la búsqueda de la liberación, aunque no siempre es así. Mejorar el karma también era uno de los fines de la práctica monástica y en algunos casos la ordenación se consideraba una forma de llevar una vida más fácil y a resguardo. Por el contrario, algunos laicos que buscaban emular a Vimalakîrti no veían necesariamente la liberación como un objetivo tan lejano. Por supuesto, en muchas escuelas la ordenación siguió siendo una condición previa fundamental para llegar a ser un *arhat*, aunque algunas también reconocían esta posibilidad para los laicos. La posibilidad de transferir los méritos obtenidos mediante los rituales o la meditación pronto privó a los monjes de la ventaja de la que gozaban en el budismo primigenio, cuando nadie más aparte de la persona en cuestión podía modificar su karma personal. En el budismo primigenio, el karma era meramente individual y solo aquellos con el tiempo y la dedicación necesarios para dedicarse a la práctica intensiva, en otras palabras los monjes ascetas, podían esperar progresar hacia la liberación. Pero cuando se desarrolló la concepción de que los méritos podían transferirse de una persona (o grupo) a otra, todo se volvió posible, y las líneas divisorias se volvieron menos nítidas.

Algunos laicos destacados de la época, especialmente reyes, se convirtieron en modelos budistas durante la vida misma del Buddha. El propio Shâkyamuni, con su renuncia del mundo, no solo se convirtió en el Buddha, sino que también obtuvo la condición de monarca universal (*chakravartin* o literalmente "rey que hace girar la rueda"). Como tal, su funeral se caracterizó por el simbolismo real. Igualmente, en el budismo esotérico la ordenación de los monjes tomó más tarde la forma del ritual de consagración real, una ceremonia de unción (*abhisheka*) en la que el nuevo rey es rociado con agua de los cuatro océanos como símbolo de su reinado universal. Como en el caso de la imagen occidental de las dos espadas, símbolo de lo espiritual y lo temporal, la doctrina budista propugna la armonía entre las dos "ruedas del *Dharma*", el Buddha y el rey *chakravartin*, el clero budista y la realeza. Esta doctrina alcanzó su punto álgido fuera de la India, en el Japón medieval.

Las críticas al parasitismo monástico a veces han dado lugar a la represión antibudista. La represión más violenta de 845 vio la expulsión de más de dos mil monjes y monjas y la destrucción de un gran número de templos y estatuas. Más recientemente, en un contexto político completamente distinto, la Revolución Cultural ocasionó terribles consecuencias, de las que los budismos chino y tibetano justo empiezan a recuperarse.

No se puede negar la importancia de la comunidad monástica en el budismo tradicional, pero por un lado en algunos contextos culturales los monjes pueden casarse (no ocurre lo mismo con las monjas) y, por otro lado, no hay que minusvalorar la influencia de un budismo laico que enfatiza la vida mundana. En la actualidad, la forma laica del budismo tiende a ganar prominencia, especialmente con el abandono de la regla del celibato. Esto sucede incluso en comunidades que favorecen un cierto grado de reclusión y vida apartada del mundo. Este desarrollo va de la mano con el replanteamiento de la condición inferior que se asigna a la mujer en el budismo.

Conclusión: ¿budismo o neobudismo?

Después de servir de contraste para el cristianismo hasta finales del siglo XIX, el budismo se ha convertido ahora en una cura para todos los males de Occidente. Lo que en el pasado se consideraban vicios ahora se ven como virtudes. Puede que la atracción occidental por el budismo represente un aumento de la popularidad de la espiritualidad más que un retorno a la religión, donde la espiritualidad budista ofrece una respuesta creíble a las preocupaciones del mundo moderno. Es esta forma idealizada y puramente "espiritual" de budismo a la que llamo "neobudismo" para distinguirlo de las formas de budismo cuya tradición pervive, aunque con ciertas dificultades, en Asia.

El neobudismo ha tenido la tendencia a convertirse en una especie de espiritualidad impersonal, insípida e inodora, una especie de budismo a la carta. La preocupación por la interioridad espiritual simplemente es otra forma del deseo de plenitud que caracteriza al individuo en la sociedad contemporánea, lo que no deja de ser paradójico puesto que la doctrina budista en principio niega la concepción misma del yo.

Es este modernismo neobudista que los medios de comunicación se empeñan en mostrar cuando nos enseñan al Dalai Lama hablando con el presidente de Estados Unidos, o cuando se hacen eco de su punto de vista sobre cuestiones humanitarias o de sus encuentros con personalidades religiosas y científicas de todas las tendencias. Este movimiento hacia el modernismo también está afectando a los budistas en Asia, donde prácticamente cada templo en Japón tiene su propia página web. Es este tipo de "neobudismo" con el que se encuentra el "neocristianismo" durante los "diálogos religiosos" que a veces acaban en "misas Zen" que poco tienen que ver ni con el Zen ni con el cristianismo. Esto es lo que pasa cuando uno pone demasiada agua al vino o al té sagrados.

Suele decirse que son las ideas del budismo las que llenarán un vacío en Occidente y no la propia cultura budista. Pero ¿pueden separarse tan fácilmente las ideas de la cultura budista? Esta separación es fundamental si la "esencia" del budismo es universal, lo que no está claro. En cualquier caso, es evidente que las ideas del budismo pierden su vitalidad cuando se sacan de su contexto cultural y se transforman en una simple filosofía, mientras que la práctica del budismo se convierte en una especie de deporte, comparable al judo o el aikido. Si vamos un paso más allá, ser monje budista significa pasar por un proceso de ordenación que, a primera vista, parece tener más que ver con la cultura budista que con las ideas. De hecho, al menos en ciertas escuelas budistas, el proceso de ordenación comporta una adhesión ritual con el linaje espiritual del Buddha. Sin embargo, esta concepción budista de adhesión espiritual parece haber sido eliminada hace tiempo de la visión que normalmente se tiene del budismo en Occidente, a pesar de haber sido dominante en el Tíbet o Japón durante siglos. Por este motivo la transmisión de maestro a discípulo sigue ocupando un lugar tan importante en el budismo, especialmente en el Zen, que se define por su transmisión directa de mente a mente a modo de encuentros cara a cara. A través de esta transmisión, el discípulo se convierte ritualmente en un maestro, es decir en un buddha.

Varios estudios recientes muestran que los asiáticos que han emigrado hace poco a Europa y Estados Unidos, al mismo tiempo que enfatizan sus diferencias culturales, tienden a universalizar sus formas de budismo, haciéndolas compatibles con los valores occidentales mediante el énfasis en su modernidad, racionalidad y espiritualidad. Esta aculturación voluntaria parece estar motivada, al menos en parte, por el deseo de prosperar en el mundo capitalista y comporta el abandono de ciertas prácticas devocionales y mágicas.

El budismo "étnico" que trajeron con ellos se considera demasiado devoto y ritualista, en una palabra, demasiado "católico" para despertar interés. En este sentido, las numerosas comunidades budistas que han surgido por todas partes tienden a enfatizar la práctica de la contemplación. Esto refleja un interés por un budismo "auténtico" que quizás solo haya existido en la imaginación occidental. Pero este encaprichamiento con una de las grandes religiones "orientales" esconde un gran número de prejuicios "orientalistas". La tendencia a enfatizar los aspectos estéticos y "espirituales" del budismo y a centrarse exclusivamente en las realidades superiores e internas impide que algunos seguidores aprecien la profunda vitalidad del budismo y la amplia gama de problemas que afronta. La comprensión plena de este budismo y su reconocimiento como una fuente intelectual, religiosa y espiritual solo puede conseguirse mediante el conocimiento de su historia y de las sociedades no occidentales en las que se desarrolló y, en muchos casos, sigue prosperando.

Solo si adoptamos un enfoque crítico y bien informado podremos evitar la deriva hacia el neobudismo o incluso hacia el "neotantrismo", que parece estar conquistando las mentes (y los cuerpos) de tantos seguidores occidentales en la estela de la corriente New Age. En la actualidad, la iniciación tántrica ha sido digitalizada gracias a los correspondientes poderes de Internet. La metáfora del microcosmos se ha hecho realidad y la acción a distancia ya no es el resultado de la magia, o al menos ya no se percibe así. ¿Qué vamos a hacer con las nuevas formas de espiritualidad emergentes donde la clave ya no está en la mente sino en el botón del ratón? Si nos atenemos a la concepción de la presencia real como supone un ritual, la rápida digitalización del mundo actual parece producir una presencia virtual y, por lo tanto, ineficaz. Pero si admitimos que el efecto del ritual tántrico es básicamente imaginario y psicológico y no comporta ninguna comunicación real con el mundo invisible, entonces podemos considerar que la creación de Internet quizás represente la concretización de la red de Indra, de la interpenetración de todas las cosas que es tan importante en la tradición Mahâyâna y quizás nos acerque a la comprensión del misterio tántrico. Cada uno debe forjarse su propia opinión. Existen numerosos casos en los que resulta fácil detectar intenciones fraudulentas en Internet. Uno de estos ejemplos es la página web conocida como Tantra.com, para «una comprensión total del sexo extático y las relaciones sagradas». Se trata de poco más que una página de porno suave o "autoayuda sexual" donde los visitantes pueden comprar libros como *Secretos sexuales: la alquimia del éxtasis* y *Sexo espiritual* de Nick Douglas.

Hay un aspecto que no debería pasarse por alto: los *chakras*, los mandalas y las divinidades no son símbolos en el sentido común de la palabra, puesto que se considera que son más reales que la realidad externa y los practicantes creen firmemente en ellos, al mismo tiempo que reconocen su vacuidad intrínseca. Esto explica el error actual de interpretarlos "simbólicamente" sin creer en ellos de verdad y sin reconocer su "realidad" concreta. Resulta fundamental "dejarse llevar" por su creencia para que funcione su magia y para que los rituales sean efectivos. Pero en un contexto cultural occidental sin duda es imposible creer en ellos completamente. Además, en una época en la que los "cultos" y sus dudosos gurús son moneda corriente, aprovechándose de la credulidad de discípulos que se encuentran privados de puntos de orientación, este enfoque no está exento de riesgos. Entender este simbolismo requiere, por lo tanto, una comprensión suficientemente profunda de su contexto histórico y en la vida real. Este es el error que comete el movimiento New Age que afirma adaptar el tantrismo al mundo moderno, pero que no tiene en cuenta el contexto subyacente de creencias que hacen efectivo el tantrismo.

Esto no representa un rechazo de todas las formas de neobudismo. Sin embargo, la cuestión es por qué esta espiritualidad todavía afirma representar el budismo cuando quizás se trate de una forma relativamente moderada de espiritualidad New Age. Por otro lado, ¿qué razón hay para rechazar el título de budista de alguien que afirma representar el budismo? Dado que no tengo ninguna autoridad para hacerlo, me conformo simplemente con poner la pregunta.

Glosario

abhijñâ Término sánscrito que significa "intuición" y que designa los poderes sobrenaturales que se obtienen mediante la meditación.

achintya Término sánscrito que significa "inconcebible" y que designa el Despertar o la realidad última.

ahimsâ Término sánscrito que suele traducirse por "no violencia" y que significa abstenerse de causar cualquier daño o otro ser vivo.

Amida Véase **Amitâbha**.

Amitâbha (en chino **Omituo**, en japonés **Amida**) Buddha de la Tierra Pura del oeste, el principal paraíso budista.

anâtman Término sánscrito que significa "ausencia de yo" o "no yo", concepto budista fundamental que indica la negación del ego (***âtman***) en tanto que ilusorio.

arhat (en chino *luohan*, en japonés *rakan*) Seguidor del budismo que ha alcanzado la última etapa de la práctica; en particular, con este término se denomina a los discípulos cercanos al Buddha.

asuras En el hinduismo, seres mitológicos que son los enemigos de los ***devas*** (dioses); en el budismo, uno de los seis posibles destinos después de la muerte.

âtman El yo. En el hinduismo, la brizna divina que al final se fundirá con el absoluto o **Brahman**. En el budismo, la individualidad ilusoria.

Avalokiteshvara (en chino **Guanyin**, en japonés **Kannon**) El *bodhisattva* de la compasión.

bardo Término tibetano que designa el mundo intermedio entre la muerte y el renacimiento.

bodhi Véase **Despertar**.

Bodhidharma Fundador semilegendario del Chan (o Zen). Nativo de la India, se dice que llegó a China a principios del siglo VI n.e.

bodhisattva Literalmente "ser [*sattva*] destinado a Despertar" o "ser despierto". Con este término se denomina al practicante que por compasión ha hecho voto de liberar a todos los seres antes de entrar en el **nirvâna**.

Bon Religión popular del Tíbet, fuertemente influenciada por el budismo.

Brahmâ Uno de los tres dioses principales del hinduismo, creador del mundo.

brahmán (en sánscrito ***brâhmana***) Término relacionado con el anterior que designa a un sacerdote en la religión india. La religión de los brahmanes o brahmanismo (también llamado vedismo) es la forma arcaica del hinduismo.

Brahman En la religión védica (el hinduismo), designa el absoluto, la esencia de todas las cosas.

brahmanismo Véase **brahmán**.

Buddha ("despierto") Término que designa a aquel que ha comprendido la realidad última y, más en concreto, el Buddha "histórico", Shâkyamuni.

bushidô En japonés, la Vía de los Guerreros (*bushi* o samurai).

Camino Óctuple El camino para poner fin al sufrimiento. Consta de: visión correcta, intención correcta, palabra correcta, acción correcta, medios de vida correctos, esfuerzo correcto, atención correcta y concentración correcta.

Chan (en japonés **Zen**, en coreano **Son**, en vietnamita **Thien**) Escuela budista que se remonta al monje indio Bodhidharma. Véase también **Zen**.

confucianismo Doctrina religiosa y ética basada en la enseñanza de Confucio (Kongfuzi, 551-479 a.n.e.).

Cuatro Nobles Verdades Las cuatro verdades comprendidas por el Buddha cuando alcanzó el Despertar: el sufrimiento (*duhkha*), el origen del sufrimiento (*samudaya*), el cese del sufrimiento (*nirodha*) que conduce al *nirvâna* y el camino (*mârga*) para poner fin al sufrimiento, el **Camino Óctuple**.

Dalai Lama Líder espiritual del budismo tibetano, considerado una encarnación del ***bodhisattva*** Avalokiteshvara.

Daoísmo Religión china que se remonta a la figura legendaria de Laozi, basada en el Dao (Tao) o principio último.

Despertar (en sánscrito *bodhi*, en japonés *satori*; término que también se traduce por **Iluminación**) La experiencia suprema en el budismo y en especial en el Chan o Zen. Véase también **Buddha**.

deva Ser celestial de la mitología hindú. En el budismo, los *devas* están sujetos a la ley de la causalidad kármica y el destino de los *devas* es uno de los seis destinos por el que transmigran los seres vivos.

dharânî Hechizo, a menudo sinónimo de mantra.

dharma En el hinduismo, término que designa el orden cósmico, social y religioso. En el budismo, el *Dharma* significa tanto la doctrina budista como el orden cósmico; los *dharmas* también se refieren a los fenómenos o cosas, los elementos constitutivos de la realidad.

dhyâna Término sánscrito que suele traducirse por meditación.

Diez reinos Término que designa los diez reinos del renacimiento (los Seis Destinos del *samsâra* y los cuatro destinos superiores que llevan a la budeidad).

Dôgen (1200-1253) Maestro Zen japonés, fundador de las escuela Sôtô.

Dos Verdades El budismo Mahâyâna distingue la verdad convencional, según la cual las cosas existen, y la verdad última, según la cual todo está vacío. La percepción de estas Dos Verdades como complementarias constituye la Vía del Medio.

Duhkha Dolor, sufrimiento. Una de las Cuatro Nobles Verdades.

Gautama Uno de los nombres del Buddha "histórico".

Gran Vehículo Véase **Mahâyâna**.

Guelug También conocido como escuela de los birretes amarillos: una de las principales escuelas del budismo tibetano, fundada por Tsongkhapa (1357-1419).

Hînayâna (Vehículo Inferior) Término peyorativo con el que los seguidores del **Mahâyâna** (Gran Vehículo) denigraban esta tradición rival más conservadora (véase también **Theravâda**).

Hinduismo Principal religión de la India. El hinduismo (o brahmanismo) se formó durante el primer milenio a.n.e. del vedismo, religión que se basa en unos textos sagrados conocidos como los Vedas.

honji suijaku Expresión japonesa que significa "base original" o "esencia" y "trazos manifiestos", en referencia a que los dioses japoneses (*kami*) son manifestaciones de los buddhas indios.

jainismo Religión india próxima al budismo, supuestamente fundada en el siglo VI a.n.e. por Mahâvîra, defensor de la "no violencia" (*ahimsâ*).

Jâtakas Biografías de las vidas pasadas del Buddha Shâkyamuni.

Jizô (en sánscrito **Kshitigarbha**, en chino **Dizang**) *bodhisattva* muy popular en el budismo chino y japonés, en especial como protector de los niños.

Jôdo Término japonés que significa "Tierra Pura", en referencia al paraíso occidental del Buddha Amitâbha (Amida en japonés). También es el nombre de la escuela del budismo japonés centrada en este Buddha.

kami Dioses japoneses.

karma (en sánscrito ***karman***) En su forma neutra, este término designa en el hinduismo cualquier acto y, en particular, el acto ritual eficiente. La retribución de los actos, que constituye propiamente el karma, lleva a la sucesión de muertes y renacimientos conocida como transmigración (***samsâra***).

Karma Kagyü Subescuela perteneciente a la escuela Kagyü del budismo tibetano.

karunâ Término sánscrito que significa "compasión".

kôan ("caso" en japonés) Enigmas que los maestros Zen piden resolver a sus discípulos.

Kûkai (m. 835) Fundador de la escuela japonesa Shingon.

lama Maestro en el budismo tibetano. El más carismático es el Dalai Lama.

Mâdhyamika Escuela de la Vía del Medio, fundada por Nâgârjuna, alrededor del siglo III n.e.

Mahâsânghika (en sánscrito la "Gran Asamblea"). Una de las escuelas del budismo primigenio que se dice que se formó como resultado de una controversia sobre la disciplina monástica.

Mahâyâna (Gran Vehículo) Uno de los tres "vehículos" (*yâna*) o enseñanzas del budismo; los otros dos son el Hînayâna y el Vajrayâna.

Maitreya (en chino **Mile**, en japonés **Miroku**) El Buddha futuro.

mandala (en sánscrito "círculo") Diagrama circular o cuadrado utilizado en los rituales tántricos o del budismo esotérico.

mantra Hechizo o fórmula mágica utilizada principalmente en el budismo tántrico o esotérico.

Mâra El diablo budista, también identificado con la Muerte.

medios hábiles Véase ***upâya***

mudrâ (en sánscrito "sello") Gesto simbólico con las manos utilizado en el budismo tántrico o esotérico.

nenbutsu (en chino ***nianfo***) Evocación o invocación del Buddha **Amitâbha**.

Nichiren (1222-1282) Fundador de la escuela japonesa Nichiren.

nikâya (en sánscrito "escuela") El término "budismo Nikâya" ha sido empleado recientemente por algunos estudiosos en lugar de "budismo Hînayâna", que se considera despectivo. No hace falta decir que en este libro este término no se usa con ninguna intención despectiva, puesto que aparece en textos budistas.

nirvâna Término imposible de definir y, por lo tanto, de traducir; designa el fin último del budismo, la extinción del deseo, el fin de la transmigración de una existencia a otra.

Ñingma Escuela "antigua" del budismo tibetano.

pârâjika Término sánscrito que designa una ofensa o transgresión que lleva a la exclusión de la comunidad budista.

prajñâ Término sánscrito que designa la sabiduría suprema, la conciencia unificada.

prajñâpâramitâ Término sánscrito que suele traducirse por "Perfección de la Sabiduría".

purusha Término sánscrito que significa "hombre" o "persona"; un sinónimo del "yo" (*âtman*) negado por el budismo.

retribución de los actos Véase **karma**.

samâdhi ("concentración") Término sánscrito que designa el estado espiritual que se obtiene con la meditación.

samsâra Término sánscrito que designa la transmigración, el ciclo de muertes y renacimientos condicionado por el karma. La liberación del *samsâra* es el *nirvâna*.

sangha La comunidad budista, que consta de cuatro grupos: monjes, monjas, laicos y laicas.

Seis destinos Los seis reinos del renacimiento (como ser de los infiernos, animal, espíritu hambriento, ser humano, ***asura*** o Titán y ***deva***).

Seis Perfecciones o **Seis Pâramitâs** En el budismo Mahâyâna son la generosidad (*dâna*), la ética (*shîla*), el esfuerzo (*kshânti*), la energía (*vîrya*), la concentración (*dhyâna*) y la sabiduría (*prajñâ*).

Shâkyamuni "Sabio de los Shâkya", uno de los nombres del Buddha que hace referencia al clan del que procedía.

Shingon Escuela del budismo esotérico japonés fundada por Kûkai; su doctrina se fundamenta en el uso de mantras o "palabras verdaderas".

Shinshû o **Jôdo Shinshû** (en japonés "escuela de la Tierra Pura Verdadera") Escuela fundada por Shinran (1173-1263).

Shintô Literalmente "Vía de los *kami*" o dioses japoneses.

Shivaísmo Tradición religiosa del hinduismo que gira alrededor del dios Shiva.

sistema de castas Según las escrituras hindúes, la sociedad india se ha dividido tradicionalmente en cuatro castas (*varnas*): los brahmanes (sacerdotes), los *kshatriyas* (guerreros), los *vaishyas* (comerciantes) y los *shûdras* (agricultores y artesanos).

skandha (en sánscrito "agregado") Los cinco componentes psicofísicos de los seres vivos.

Soka Gakkai Corriente de budismo laico procedente de la escuela japonesa Nichiren.

stûpa Monumento funerario en el budismo.

sûtras Escrituras canónicas del budismo.

tantras Textos canónicos del Vehículo Diamantino o Vajrayâna; la tradición religiosa que se fundamenta en estos textos se llama por extensión "budismo tántrico".

tantrismo Corriente religiosa en el hinduismo y el budismo, que se basa en el estudio de los tantras.

Theravâda (Vía de los Ancianos) Doctrina de los textos budistas en lengua pali; se difundió en Sri Lanka y el sudeste asiático.

Tierra Pura Paraíso del Buddha **Amitâbha**.

transmigración Habitualmente este término significa el paso del alma de un cuerpo a otro. Sin embargo, en el budismo su significado es algo distinto en tanto que no hay ningún alma que transmigre, sino únicamente una serie de existencias enlazadas entre sí por el **karma**. Véase también ***samsâra***.

trishna (en sánscrito "deseo") Término que denomina el ansia que es la causa de la existencia y el sufrimiento.

upâya Medios hábiles o métodos que se utilizan para guiar a las personas hacia el Despertar.

Vairochana (en japonés **Dainichi**) Buddha cósmico; tiene una gran importancia especialmente en la escuela japonesa Shingon.

Vehículo Diamantino (en sánscrito Vajrayâna) Véase **tantrismo**.

Vehículo Inferior Véase **Hînayâna**.

verdad convencional Véase **Dos Verdades**.

verdad última Véase **Dos Verdades**.

vijñâna Término sánscrito que significa conciencia.

Vinaya Disciplina. Código monástico del budismo.

Vishnu Uno de los tres dioses principales del hinduismo; se manifiesta de distintas formas o avatares.

vishnuismo Corriente religiosa del hinduismo que gira en torno a la veneración del dios Vishnu.

yin yang Las dos categorías principales del pensamiento chino, que representan respectivamente el principio femenino y masculino.

zazen Meditación sentada.

Zen Forma japonesa del budismo Chan. Llegó a Japón en el siglo IX y se convirtió en una de las principales escuelas del budismo japonés en el siglo XIII.

Breve bibliografía

De Bary, William Theodore, ed. *The Buddhist Tradition: In India, China, and Japan*. Londres: Vintage, 1972. Una antología de textos budistas algo antigua, pero todavía útil.

De Berval, René, ed. *Présence du Bouddhisme*. París: Gallimard, 2008.

–. *The Cult of Nothingness: The Philosophers and the Buddha*. Chapel Hill: University of North Carolina Press, 2007. Una historia perspicaz de las primeras relaciones entre el budismo y Occidente.

Droit, Roger-Pol. *L'oubli de l'Inde: Une amnésie philosophique*. París: Seuil, 2004.

Dumézil, George. *Mito y epopeya*. Barcelona: Seix Barral, 1977.

Étienne, Bruno y Raphaël Liogier. *Être bouddhiste en France aujourd'hui*. París: Hachette, 1997.

Frédéric, Louis. *Buddhism: Flammarion Iconographic Guides. París*: Flammarion, 1995. Una descripción práctica y detallada de la iconografía del budismo.

Harvey, Peter. *El budismo*. Madrid: Akal, 2007. Una introducción algo seca, pero útil.

Kapleau, Philip. *To Cherish All Life: A Buddhist View of Animal Slaughter and Meat Eating*. Londres: Harper & Row, 1982.

Lopez, Donald S., Jr. *Prisoners of Shangri-la*. Chicago: University of Chicago Press, 1998. Un libro que pone en cuestión los grandes mitos sobre el Tíbet y el budismo tibetano.

–. *El budismo. Introducción a su historia y sus enseñanzas*. Barcelona: Editorial Kairós, 2009. Una introducción muy accesible.

Rahula, Walpola. *Lo que el Buddha enseñó*. Buenos Aires: Kier, 2004. Una exposición sistemática del enfoque Theravâda sobre las Cuatro Nobles Verdades y otras enseñanzas del budismo primigenio.

Revel, Jean-François, y Matthieu Ricard. *El monje y el filósofo*. Barcelona: Ediciones Urano, 1998. Este diálogo entre un filósofo francés y su hijo, un monje budista francés, es un tesoro de ideas preconcebidas sobre el budismo.

Sasaki, Ruth Fuller, trad. *The Record of Lin-chi*. Kyoto: Institute for Zen Studies, 1975.

Snellgrove, D.L., trad. *The Hevajra Tantra: A Critical Study*, 1ª parte. Londres: Oxford University Press, 1959.

Strong, John S. *The Buddhist Experiencie: Sources and Interpretations*. Florence, KY: Wadsworth Publishing, 2007. Una rica y perspicaz antología de fuentes primarias budistas.

Tashi Khedrup. *Adventures of a Tibetan Fighting Monk*. Bangkok: White Orchid Books, 1997. Una colorida autobiografía, que describe vistosamente la vida de los monjes tibetanos comunes.

Victoria, Brian. *Zen at War*. Boston, MA: Weatherhill, 1997. A pesar de su naturaleza polémica, este libro plantea importantes preguntas sobre la espiritualidad Zen y la tradición marcial japonesa.

Watson, Burton, trad. *The Lotus Sutra*. Nueva York: Columbia University Press, 1993. Una traducción accesible del que posiblemente sea el principal texto del budismo de Asia oriental.

–. *The Zen Teachings of Master Lin-chi*. Nueva York: Columbia University Press, 1999. Una obra estimulante que nos permite escuchar la voz de uno de los grandes maestros del Chan (Zen).

–. *The Vimalakirti Sutra*. Nueva York: Columbia University Press, 2000. [Laureano Ramírez, trad. *Sutra de Vimalakirti*. Barcelona: Editorial Kairós.] Otro clásico del Mahâyâna.

Yampolsky, Philip B., trad. *The Platform Sutra of the Sixth Patriarch*. Nueva York: Columbia University Press. 1978. [Laureano Ramírez, trad. *Sutra del estrado*. Barcelona: Editorial Kairós.] El primer clásico del Chan.

Índice

Abhidharmakosha shâstra, 153
abhijñâ, 111, 187, 229
abhisheka, 220
achintya, 51, 229
agregados, 69-70, 85, 234
ahimsâ, 152, 191, 229
    ver también no violencia
Akshobhya, 21
Altan Khan, 91
Ambedkar, Bhimrao R., 161, 199
Amida, 98, 126, 133, 138, 195, 229
Amitâbha, 21, 81, 98, 102-103, 178, 229
Ânanda, 164
anâtman, 84-86, 229
    ver también no yo
Anawrattha, rey, 140
arhat, 60-61, 103, 143, 217, 229
Artaud, Antonin, 116
Ashoka, rey, 18, 22, 30, 151, 191, 218
âtman, 84-88, 152, 229
    ver también yo
Aung San Suu Kyi, 206
Austin, James, 171
Avalokiteshvara, 21, 53, 72, 81, 93, 103, 147, 230

Baishajyaguru, 21
bardo, 80, 175, 230
Bardo Tödol, ver *Libro de los muertos tibetano*
Bareau, André, 98
Barlaam y Josafat, leyenda de, 29
Bertolucci, Bernardo, 89
Bhagavad Gîtâ, 156
Bhaishajyaguru, 182
Bhután, 23, 90, 93-94, 158
Binzuru, 104
Blondeau, Anne-Marie, 120
bodhi, 21, 45, 73, 230
    ver también Despertar
Bodhidharma, 132, 230
bodhisattvas, 29, 31, 230
    compasión y, 146-148, 217
    Despertar y, 60-63, 73, 81
    como dioses, 79, 101-103

Bön, tradición, 119-120, 230
Brahmâ, 104, 230
Brahman, 86, 152, 230
brahmanismo, *ver* hinduismo
Buddha, el, 74, 230
  cosmología y, 173-174, 177-178
  Cuatro Noble Verdades y, 68-71
  dioses y, 101-102, 106-107, 187
  expansión del budismo y, 18-23
  leyenda del, 25-34
  magia y, 187-189
  como médico, 182-183
  no violencia y, 148, 152, 191
  reencarnación y, 89-90
  como ser humano, 25-34, 97
  sistema de castas y, 36-37, 162-163
  stûpas y, 29-30
  vegetarianismo y, 191-192
búdica, naturaleza, 73, 145, 198
budismo,
  activismo político y, 204-208
  Buddha y el, 25-34
  budistas y el, 12-14
  ciencia y, 169-180
  compasión y, 145-151
  cosmología del, 100-107, 173-179, 198
  Cuatro Noble Verdades en el, 68-75
  Despertar y, 20-21, 44-45, 60-68, 168
  dioses y, 97-107
  diversidad del, 17-24
  como enseñanza universal, 198-204
  como espiritualidad, 108-115, 223-224
  existencia del yo y, 84-88
  como filosofía, 49-59
  herejías en el, 141-144
  homosexualidad y, 167-168
  y la India, 35-42
  karma y, 76-83, 219-220
  laicos y, 216-221
  líder espiritual en el, 116-121
  magia y, 183-190
  monacato en el, 216-221
  mujer y, 164-167, 221
  nacionalismo y, 198-208
  y la nada, 43-48
  neobudismo y, 66, 223-228
  no violencia y, 147-160
  en Occidente, 9-13, 37-38, 66, 108-109, 203, 223-224
  reencarnación y, 89-94
  como religión de monjes, 209-221
  sistema de castas y, 36, 161-164
  como terapia, 181-183
  tolerancia y, 137-144
  vegetarianismo y, 143, 191-197
  verdades en el, 11-12, 55, 231
  ver también *escuelas específicas*
burakumin, 83, 197
Burnouf, Eugène, 46, 189

Bush, George, 122
bushidô, 131, 133, 230

Cambodya, 11, 22
Camino Medio, 28, 69, 122
Camino Medio, escuela del, *ver* Mâdhyamika
Camino Óctuple, 69, 230
Capra, Frank, 117
castas, sistema de, 161-164, 196, 234
catolicismo, 37, 108-111, 225
Ceilán, *ver* Sri Lanka
chakras, 227
chakravartin, 163, 220
cham, danzas, 185
chamanismo, 186
Chan, budismo, 10-11, 132, 179, 230
  Despertar y, 55-57
  meditación y, 125-127
  ver también Zen, budismo
Chandrakîrti, 50
chigo, 167
China, 67, 71, 74, 201
  bodhisattvas y, 62-63, 81, 93, 103
  budismo Chan y, 126-127
  dioses y, 93, 104, 187
  expansión del budismo y, 10-11, 18, 21-22, 35, 41-42
  monacato en, 156, 202
  no violencia y, 132, 186, 201
  Revolución Cultural en, 215, 220
  vegetarianismo en, 194-195
Chinkai, 196
chökyong, 100
Claudel, Paul, 43
compasión, 145-150, 193-194, 232
concentración, 61, 69, 125-127, 234
conciencia, 171-172
confucianismo, 41, 230
Corea, 21, 35, 91, 201, 211
cosmología budista, 100-107, 173-179, 198
Cousin, Victor, 43
cristianismo, 37, 158, 186, 217, 223
  Buddha y el, 29
  compasión y, 145
  herejías y, 141
  misioneros y, 200-201
  ritualismo y, 108-111
  Zen y, 129, 224
Cristo, 33, 46
Cuatro Nobles Verdades, 28, 53, 68-75, 181, 231

Dagyab Rinpoche, 91
Dalai Lama, 37, 90-92, 117, 231
Dalai Lama III, 91
Dalai Lama IV, 91
Dalai Lama V, 92, 119-120, 157,185
Dalai Lama XIII, 92
Dalai Lama XIV, 11, 196, 216
  activismo político y, 207-208
  ciencia y, 169
  compasión y, 145, 149
  divinidades y, 98

como líder espiritual, 116-121
nacionalismo y, 201-202
neobudismo y, 224
no violencia y, 121-124, 149, 158, 208
reencarnación y, 93
daoísmo, 41, 188, 231
darwinismo, 173
David-Néel, Alexandra, 117, 125
Demiéville, Paul, 130, 156
demonios, 139-140, 183-184
Descartes, René, 52
deseo, 69-70
Despertar, 231
Buddha y el, 28-29, 51
budismo y, 20-21, 44-45, 60-68, 168
compasión y, 146-147
conciencia y, 172
karma y, 63, 79-83
meditación y, 127-128
no violencia y, 152-153
yo y, 85
Devadatta, 142-143, 192
Dharma (enseñanza), 127, 154, 159, 210, 213, 220, 231
Dharma (orden cósmico), 68, 97, 112, 231
dharmas (fenómenos), 51-52, 173, 231
Dharmapâla, Anagârika, 159, 200, 204
dhyâna, 125, 128, 231
dhyâni buddhas, 102
Diez Reinos, 175, 231
Dizang, 81, 103
dob dob, monjes, 168, 215
Dôgen, 50, 115, 128, 231
Douglas, Nick, 227
Drepung, monasterio, 214-215
Droit, Roger-Pol, 40, 47-48
Drukpa Kagyu, escuela, 94
duhkha, 68
ver también sufrimiento
Dumézil, George, 39
Durkheim, Émile, 59, 186
Düsum Khyenpa, 90
Duttaghamani, rey, 159

Enryakuji, monasterio, 212-213
eta, grupos de personas, 83
Étienne, Bruno, 133, 161, 181

Fanwang jing, ver *Sûtra de la red de Brahmâ*
Fazang, 50
formación dependiente, 70-71
Foucher, Alfred, 35, 151
Freud, Sigmund, 129

Gandhi, Mahatma, 152
Ganesha, 104-105
Garuda, ave, 185
Go-Daigo, emperador, 155, 186
goma, ritual, 186
gongen, 99
Gozu Tennô, 106

Gran Asamblea *ver* Mahâsanghika,
Gran Vehículo, *ver* Mahâyâna
Guanding, 193
Guanyin, 81, 93, 103, 147, 230
Guelup, escuela, 90, 92, 119-120, 157, 231-232
Gyatso, Tenzin, *ver* Dalai Lama XIV

Hedin, Sven, 117
Hegel, Georg Wilhelm, 25, 46-47
Herrigel, Eugen, 130-131
Hevajra Tantra, 54
Hiei, monte, 212-214
Hilton, James, 117
Hînayâna, budismo, 34, 53, 138, 232
  cosmología y, 176, 180
  Cuatro Noble Verdades en el, 71-72
  historia del, 18-23
  nirvâna y, 44
  vegetarianismo y, 195
  hinduismo, 198, 232
  budismo e, 36-37, 174, 188
  dioses en el, 97, 100-105, 139-140
  existencia del yo e, 86-88
  karma e, 76-78, 198
  no violencia e, 152, 156, 191
  sistema de castas e, 163, 199
Hofstadter, Douglas, 171
hongaku, 73
honji suijaku, 140, 232
Hridaya Sûtra, *ver Sûtra del Corazón*
Huxley, Aldous, 76

ignorancia, 69-70
iluminación, *ver* Despertar,
inconcebible, ver *achintya*
India, la, 86, 98, 152, 216
  Buddha y, 25, 27, 74
  budismo y, 35-42, 48, 142, 210-211, 218, 220
  expansión del budismo en, 18-22, 30
  sistema de castas en, 161-162, 199
Indonesia, 22
Indra, 104, 177, 227
intocables, 161-162, 199
Ise, santuario de, 212
islam, 9, 37, 141, 159

jainismo, 18, 26, 40, 152, 163, 191, 232
Jambudvîpa, 177
Japón,
  bodhisattvas y, 53, 62, 81, 93, 103
  bushidô y, 131-133
  Despertar y, 67
  dioses y, 99-100, 105, 138-141
  expansión del budismo y, 10-11, 21-22, 35, 39, 91
  karma en, 71, 82-83
  magia y, 186-187
  monacato en, 149, 164, 168, 210 217, 220

mujer y, 166-167
nacionalismo y, 199-202
neobudismo y, 224-225
no violencia y, 149, 156, 197, 202-203, 211-214
ritos funerarios en, 112, 128, 133
sectarismo en, 141-142
vegetarianismo en, 195
Zen y, 130-131
ver también Zen, budismo
Jâtaka, 31, 232
jissha, 99
Jizang, 50
Jizô, 81, 103, 232
Jôdo Shinshû, escuela, 156-157, 232, 234
Jokhang, templo, 139, 175
judaísmo, 37, 109
junguiana, psicología, 183

kami, 140, 232
kamikaze, 199
Kangiten, 105
Kannon, 81, 93, 103, 230
Kapleau, Philip, 192
karma, 55, 198, 232
Buddha y el, 30-31
cosmología y, 175
Cuatro Noble Verdades y, 70-71
Despertar y, 63, 79-83
dioses y, 100-101, 105
fatalismo y, 76-83
monacato y, 219-220
no violencia y, 153
reencarnación y, 90
Karma Kagyu, escuela, 90, 232
Karmapa, 91
karunâ, 145, 232
ver también compasión
Kaushâmbî, 210
Keizan Jôkin, 99
Kiyomizu, templo, 213
kôan, 127, 171, 232
Kôfukuji, templo, 212-213
Kshitigarbha, 81, 103
Kublai Khan, 203
Kûkai, 50, 232
Kyoto, escuela de, 131

Ladakh, 90, 158
Lang Darma, rey, 155
Lankâvatâra Sûtra, 193
Laos, 11, 22
Lenoir, Frédéric, 84
Leyenda dorada, 29
Lhasa, 117, 139, 175, 207
liberación,
activismo político y, 205
cosmología y, 178
karma y, 79-83
medios hábiles y, 20-21
ver también Despertar
Libro de los muertos tibetano, 80-81
Linji, escuela, 56, 126
Linji Yixuan, 56-57, 126
Liogier, Raphaël, 133, 161, 181

Lobsang Rampa, 118
Lumbini, 27, 30
Lutero, Martin, 108-109

MacGill, Gordon, 89
Mâdhyamika, escuela, 40, 47, 54-55, 233
Mahâdeva, 142-143
Mahâkâla, 185
Mahâparinirvâna Sûtra, 20, 195
Mahâprajâpati, 27, 164
Mahâsanghika, 19, 233
Mahathera, 68
Mahâvairochana, 21, 97-98
Mahâvamsa, 159
Mahâvîra, 26, 152
Mahâyâna, budismo, 10-11, 18-23, 54, 233
  bodhisattvas y, 60-63
  Buddha y el, 31-33
  compasión y, 145-149, 155
  conocimiento y, 52
  cosmología del, 176-177, 180
  Cuatro Noble Verdades y, 71-73
  Despertar y, 44-45, 65, 73
  dioses en el, 97-98, 101-104
  karma y, 79
  magia y, 188-189
  monacato y, 209-211, 217-219
  naturaleza búdica y, 198
  no dualidad y, 73-74, 165
  realidad y, 51
  tolerancia y, 138
  vacuidad y, 82
  vegetarianismo y, 193-195
Maheshvara, 139
Maitreya, 31, 102-103, 233
Malherbe, Michel, 49
mandala, 22, 180, 183, 227, 233
Mañjushrî, 21
Mañjushrîmûlakalpa, 184-185
mantra, 22, 53, 233
mappô, 213
Mâra, 28
mârga, 69
medios hábiles, ver *upâya*
meditación, 28, 112-113, 183
  en el budismo Zen, 125-129
Meiji, emperador, 132, 141, 157, 195, 200
Merton, Thomas, 114-115
Michaux, Henri, 151
Miidera, monasterio, 213
mokushô zen, 127
mongoles, 92, 157-159, 203, 211
Mongolia, 90-91
monjes guerreros, 156, 211-214
Monkan, 143
mudrâs, 22, 233
Murti, Tirupattur R. V., 55
Mus, Paul, 35, 174
Myanmar, 11, 22-23, 205-206
Nâgârjuna, 40, 50, 54-57, 72-73
Nâgasena, 85
namu amidabutsu, 189
naths, 140

Negoroji, monasterio, 214
neobudismo, 66, 223-228
neotantrismo, 226
Nepal, 158
New Age, movimiento, 226-228
Ngawang Namgyel, 93-94
Nichiren, 102, 142, 233
Nichiren, escuela, 138, 142, 157, 233
Nietzsche, Friedrich, 47
Nikâya, budismo, 19, 23, 233
Ninkan, 143
nirvâna, 43-48, 233
    activismo político y, 205
    cosmología y, 178
    Despertar y, 21, 60-61
    samsâra y, 22, 47, 73, 79
    sufrimiento y, 69-70
Nishida Kitarô, 131
    no pensamiento, 129
    no violencia,
    budismo y, 147-160
    Dalai Lama y la, 121-124
    vegetarianismo y, 191-197
no yo, 84-88
Norte, Escuela Zen del, 126

Ñingma, escuela, 120, 233

Oda Nobunaga, 214
Onjôji, monasterio, 212-213
orientalismo, 9-10, 32, 44, 66, 111, 226
Ozeray, Michel-Jean-François, 32-33

Padmasambhava, 139
Pali, canon, 23, 25, 39, 188
Panchen Lama, 91, 119
pârâjika, 154, 233
parias, 162, 199
Pascal, Blaise, 85, 177
Perfección de la Sabiduría, tradición, 72
Pindola, 104, 188
prajñâ, *ver* sabiduría
prajñâpâramitâ, 21, 52-54, 72, 233
pratîtya samutpâda, *ver* formación dependiente
protestantismo, 13, 37, 108-111, 204
purusha, 87, 234

qualia, 172
Quinet, Edgar, 46

Râhula, 26
Rahula, Walpola, 84, 137
reencarnación, 69, 79-80, 89-94, 235
reliquias, 18, 20, 29-30, 109-110, 186
Renan, Ernest, 46
Revel, Jean-François, 11, 49
Revolución Cultural, 215, 220
Ricard, Matthieu, 11, 60, 98, 112-114, 169, 176
Ricci, Matteo, 104
Rinzai, escuela, 56, 126-127
Rolland, Romain, 129
Ryôgen, 212

sabiduría, 52, 69, 233
sabiduría, perfección de la,
ver *prajñâpâramitâ*,
Saint-Hilaire, Barthélémy, 46, 48
samâdhi, 69, 126, 234
ver también concentración
Samantabhadra, 21
samsâra, 44, 70, 234
cosmología y, 179
karma y, 78-79
nirvâna y, 22, 47, 73, 79
samurais, 131-132
Samyutta-nikâya, 77-78
sangha, 234
activismo político y, 204
monacato y, 112-113, 209-210, 217
nacionalismo y, 202-203
sistema de castas y, 163, 196
Schopenhauer, Arthur, 46-47
Segalen, Victor, 42, 109-110
Shâkyamuni, 67, 102, 177, 220, 234
ver también Buddha
Shangri-La, 117, 157
Shaolín, monasterio, 132, 211
Shariputra, 45, 53, 72
shikan taza, 128
shîla, 69
Shingon, escuela, 143, 214, 234
shinkoku, 199
Shinran, 195
Shintô, 106, 140-141, 198, 234
Shirakawa, emperador, 211-212
Shiva, 104, 139
shivaísmo, 36, 234
Shugden, Dorje, 120-121
shunyatâ, *ver* vacuidad
Siddhârtha Gautama, 27-28
ver también Buddha
Sikkim, 90
sintoísmo, *ver* Shintô
skandha, *ver* agregados
Snellgrove, David, 54-55
Snellgrove, Richard, 216
sôhei, 156, 211
ver también monjes guerreros
Soka Gakkai, organización, 138, 234
sokushin jôbutsu, 143
Son, budismo, 125, 230
Songtsen Gampo, 139
Sôtô, escuela, 99, 115, 127-128
Sri Lanka, 11, 22-23, 110, 140
activismo político y, 204-206
monacato en, 210, 216
nacionalismo y, 200-201
no violencia y, 158-159
stûpas, 29-30, 113-114, 139, 234
sufrimiento, 68-69
Despertar y, 72-75
Sumeru, monte, 177
Sur, Escuela Zen del, 126
Sûtra de la red de Brahmâ, 154
Sûtra de Vimalakîrti, 52-54, 65, 217
Sûtra del Corazón, 21, 53, 72, 79
Sûtra del Diamante, 146
Sûtra del Loto, 31, 46, 61, 102,
138, 188-189

Suzuki, Daisetz T., 115, 128-132, 156

Tachikawa-ryû, escuela, 143-144
tamiles, 159-160
Tantra de Kalachakra, 159
tántrico, budismo, *ver* tantrismo
tantrismo, 10, 22-24, 53, 235
  cosmología en el, 179-180
  Despertar y, 74-75
  dioses en el, 104-105
  expansión del budismo y, 18, 34
  herejía y, 143
  magia y, 40, 184-185
  neobudismo y, 226-228
  no violencia y, 149, 155, 211
taoísmo, *ver* daoísmo,
Târâ, 93
Tashi Khedrup, 118, 168, 207-208, 215-216
Tendai, escuela, *ver* Tiantai, escuela,
Tenzin Gyatso, *ver* Dalai Lama XIV
Thailandia, 11, 22-23, 201-202, 215, 217
Theravâda, budismo, 10-11, 22-24, 235
  Buddha y el, 33-34, 38
  dioses y, 140
  expansión del budismo y, 17-18, 22-24, 37-38
  no violencia y, 149
Thich Nhat Hanh, 203-204
Thien, budismo, 125, 230
Tiantai, escuela, 126, 212-213
Tíbet, 53, 166
  activismo político en el, 205-207
  Dalai Lama y el, 116-124, 201-202
  expansión del budismo y el, 22, 35, 139
  magia en el, 185-187
  monacato en el, 210, 215-216, 225
  nacionalismo en el, 201-202
  no violencia y el, 157-158, 210
  reencarnación en el, 90-94
  ver también tibetano, budismo
tibetano, budismo, 10-11
  cosmología en el, 175
  Dalai Lama y, 37, 116-124
  dioses en el, 98-100
  expansión del budismo y, 10-11, 17, 23, 37-38
  magia y, 185-187
  no violencia y, 155-158, 207-208, 215-216
  reencarnación y, 80-81, 89-94
  ver también Tíbet
Tierra Pura, 178, 189-190
Tierra Pura, escuela de la, 98, 126, 133
Tokugawa, clan, 132, 157
Tônomine, monasterio, 213
Toyotomi Hideyoshi, 214
Tsongkhapa, 50
Tucci, Giuseppe, 97
Tushita, cielo de, 102

upâya, 20-21, 63, 141, 235

vacuidad, 53, 55
  Despertar y, 56, 72-73
  dioses y, 105
  karma y, 55, 82
  magia y, 188-189
  nirvâna y, 46-47
Vairochana, 102, 139, 235
Vajrapanî, 139-140
Vajrayâna, 18, 22, 235
Vallée-Poussin, Louis de la, 50
vegetarianismo, 143, 191-197
Vehículo Inferior, *ver* Hînayâna
Vietnam, 21, 23, 91
Vimalakîrti, 45, 52-54, 217, 219
Vinaya, 114, 235
  Buddha y, 25-26, 64, 163
  monasticismo y, 210-213
  no violencia y, 152-154, 195
Vishnu, 101-104, 235
vishnuismo, 36, 235
Voltaire, 9

Wittgenstein, Ludwig, 55
Wu, emperador, 194-195

Xuanzang, 142

Yama, rey, 81
Yashodhara, 26
Yin Yang, maestros, 106
yo, 84-88, 152
Younghusband, Francis, 117

zazen, 125, 128, 235
Zen, budismo, 10-11, 125-133, 235
  ciencia y, 171
  Despertar y, 55-56, 65-67
  dioses y, 99
  espiritualidad y, 114-115
  expansión del, 10-11, 17, 37, 41
  karma y, 81
  meditación y, 125-129
  militarismo y, 130-133, 156-157
  mujer y, 167
  nacionalismo y, 198-200
  neobudismo y, 224-225
  no violencia y, 156
  ritos funerarios y, 112, 128, 133
  vegetarianismo y, 195-196
Zinn, Howard, 123
Zongmi, 50